ଚିତ୍ରରୂପା

ଚିତ୍ରରୂପା

ପ୍ରମୀଳା ଶତପଥୀ

BLACK EAGLE BOOKS
2021

BLACK EAGLE BOOKS

USA address:
7464 Wisdom Lane
Dublin, OH 43016

India address:
E/312, Trident Galaxy, Kalinga Nagar,
Bhubaneswar-751003, Odisha, India

E-mail: info@blackeaglebooks.org
Website: www.blackeaglebooks.org

First International Edition Published by
BLACK EAGLE BOOKS, 2021

CHITRARUPA
by **Pramila Satpathy**

Copyright © **Pramila Satpathy**

All rights reserved. No part of this publication may be reproduced, stored in a retrieval system, or transmitted, in any form or by any means, electronic, mechanical, photocopying, recording or otherwise without the prior permission of the publisher.

Cover Art: **Astha Ashwasana Satpathy**
Cover & Interior Design: Ezy's Publication

ISBN- 978-1-64560-212-5 (Paperback)

Printed in the United States of America

ମୋର ଖାତା, କଲମ ଏବଂ ଶବ୍ଦର ଦିବ୍ୟ ଅବରୋହଣକୁ...

ସୂଚୀପତ୍ର

ସ୍ୱପ୍ନ	୯
ଅନର୍ଥ	୧୨
ଅର୍ଥର ଅନର୍ଥ	୧୫
ଆକାର	୧୭
ପ୍ରଣବବେଦୀ	୨୦
ମୁଁ ନାହିଁ	୨୨
ବାହାରିଆସିଛି	୨୫
ମୁଁ ଏବେ	୨୮
ସଂଲଗ୍ନ	୩୧
ଛୁଇଁଛିମାନେ	୩୩
ବିରତି	୩୬
ଆଲୋକଅନ୍ଧାର	୩୯
ମନବୋଧ	୪୨
ଯିତିବାରମାନେ...	୪୫
ବାହାରିଯିବି	୪୭
ଯିବାରବେଳ	୪୯
ନୀଳଚୁମ୍ବନ	୫୨
ନୀରବ ବିଦ୍ରୋହ	୫୫
ମୁଁ କେବଳ	୫୮
ଶବ୍ଦସ୍ୱର୍ଗ	୬୦
ନିଜକୁ	୬୩
ବୋଝ	୬୬
ବିଷନ୍ନଜାହାଜ	୬୯
ଆଶା	୭୨
ନିଃଶବ୍ଦଆଲାପ	୭୫

ବୋଧେ	୭୭
ଆପଣା	୮୦
ଲଭା	୮୩
ଲୁହରପରାଶ	୮୫
ଦାମ୍ପତ୍ୟ	୮୮
ତୁମେହିଁ	୯୧
ନାରାଜନ୍‌(୧)	୯୪
ନାରାଜନ୍‌ (୨)	୯୭
ନାରାଜନ୍‌ (୩)	୧୦୦
ପ୍ରିୟତମ	୧୦୨
ପୃଥିବୀ	୧୦୪
ଆ କବିତା ଆ -(୧)	୧୦୭
ଆ'କବିତା ଆ(୨)	୧୦୯
ଜାଗରଣର ଯଜ୍ଞଦୀପ	୧୧୨
ଦୂରରେ	୧୧୫
ଅଯମାରମ୍ଭ	୧୧୮
ଜୀବନପର୍ବ	୧୨୧
ମହାମାରୀ	୧୨୪
ମଶାଣି	୧୨୭
ମଶାଣିକ୍ଲାନ୍ତି	୧୩୦
ବର୍ତ୍ତମାନ	୧୩୨
ମହାତ୍ରାସ	୧୩୪
ପ୍ରତୀକ୍ଷାର ପାଦ	୧୩୭
ଆଲୋକିତପ୍ରାଣ	୧୪୦
ସଂପର୍କ	୧୪୩
ସେମାନେ	୧୪୫
ଶୋଷ	୧୪୮
ଚିତ୍ରରୂପା	୧୫୧

ସ୍ୱପ୍ନ

ବୁଝି ହେଉଛି ନା
ବୁଝେଇ ହେଉଛି...
ସୂଚୀର ରନ୍ଧ୍ର
ଖୋଜୁଖୋଜୁ
ଭାଙ୍ଗି ପଡୁଛି ରାତି ଏବଂ
ଦିନର ଯୌବନ,
ଅଙ୍କୁରଣର
ପୂର୍ବ ମୁହୂର୍ତ୍ତରେ
ମରିଯାଉଛି
ଜୀବର ପ୍ରାଣବନ୍ତ ଶୋଷ ।

ନଈର ଛାତିରେ ଟହଲୁଛି
ଜୁଆରିଆ ଅହଂଙ୍କାର,
ଏହା ଭୟର
ବିସ୍ମୟାତୀତ
ଉପପାଦ୍ୟ ନୁହେଁ ତ ?

ରାତିର ରାସ୍ତାରେ
ଝଲସି ଉଠୁଛି
ଆଲୋକର ହସ,
ଆର୍ତ୍ତିର ଆଖିରେ
ଢ଼ଳଢ଼ଳ ହେଉଛି

ଅନାଗତ ପ୍ରଭାତର ମୋତି,
ଏହା ଈଶ୍ୱରୀୟ କୃପାର
ଭବିଷ୍ୟତ ନୁହେଁ ତ ?

ଭଳିକି ଭଳି
ବଦଳି ଯାଉଛି
ଆହୁତିର ବର୍ଣ୍ଣ, ମନ୍ତ୍ର,
ଉପଚାରର ଆଳାପ,
ନିଦାଘର ଛାତିରେ
ସୁଠଣ ଛାୟା ମାନଙ୍କର
ଅବପାତ,

ବୋଧେ,
ଆକାଶର ସେପାରିକୁ
ଭେଦି ଯାଇଛି
ପ୍ରାର୍ଥନାର ପଦ,
ଆଧାରିତ ଅଧ୍ୟାୟର
ଦ୍ୱିତୀୟ ରେଖାରେ
ଅଟକି ଯାଇଛି
ଅଙ୍କନର ହାତ,

ହୁଏତ ଏଇଠି ହିଁ
ଉଭେଇ ଯାଇପାରେ
ଅନୁର୍ବରତାର ଆଧିପତ୍ୟ,
ଅବଗୁଣ୍ଠିତ
ଆଚରଣର ଗଣ୍ଠି,
ପଥରରେ ଖୋଦି
ହୋଇପାରେ
ବିଜୟର ହର୍ଷିତ ଚାହାଣୀ,

ସମ୍ଭାବନାର ଗର୍ଭରୁ
ଜନ୍ମିପାରେ ସକାଳର ଶିଶୁ,

ସୁଲଗ୍ନର ସ୍ପର୍ଶ
ଦାରୁ କରିପାରେ
ଦୂବର ଶିଖକୁ,
ଆଗାମୀର ପାଦ
ନୃତ୍ୟ କରିପାରେ
ଶୋଧିତ ମୁଦ୍ରାରେ,
ସମ୍ଭାବନା
ସତ ହୋଇପାରେ
ଅନ୍ଧାରର ନିଦ ଭାଙ୍ଗି ଗଲେ ।

ନା ଏଇଠି
ଅଟକି ଯାଉ
ସପନର ତରୀ,
ନିଜରକ୍ତ
ପିଇବାର ଅଭ୍ୟାସ
ମୋ ଭିତରେ ଅଛି ॥

■

ଅନର୍ଥ

ବୁଝିହେଉନି
ସେ'ମୋତେ ଲୁଚୁଛି ନା
ମୁଁ ତାକୁ !
କାକରର ଖୋଳପାରୁ
ଖୋଜୁଛୁ
ଭଲପାଇବାର ଭାବାର୍ଥ ନା
ଝଡ଼ର ଡ଼ାଳରୁ
ଆଧିପତ୍ୟର କାରଣ
ଏବେ ତ
ବିଷ ଉଦ୍‌ଗାରି ଚାଲିଛି
ନୀରବତାର ଓଠ ।

ଦିନେ ଆଘାତ ମାନଙ୍କୁ
ପଦାଘାତ କରି
ମର୍ମରିତ ପ୍ରତିଧ୍ୱନିହୋଇ
ଶୋଇଯିବ ନୀରବ ନିଦ୍ରାରେ,
ପରାକ୍ରମ ଦଗ୍ଧ ହେଉଥିବ
ନିଜର ନିଆଁରେ,
ପାଦ ଅବଶ ହୋଇଯାଉଥିବ
ଅନୁତାପର ଭିଜା ଆଲିଙ୍ଗନରେ,
ଲତା

ଲତେଇଯାଉଥିବ
ପବନ ବୃକ୍ଷରେ ।

ଏଇ ଲୁଚାଲୁଚିର
ସଂଗତିରୁ
ଉଦ୍‌ଭାସି ଉଠିବ
ରଚନାର
ରଚିକର ରୂପକାର,
ଭୋକରୁ ଭୁଷୁଡ଼ି ପଡ଼ିବ
ବାଲିର ଦେଉଳ,

ଦିଶିଯିବ
ଉପସଂହାରରୁ
ଅଦୃଶ୍ୟର ଦୃଶ୍ୟ,
ତାପରେ
ଖୋଜିବାର ଖୋଳପାକୁ
ଭାଙ୍ଗିବାର ଅନାଗ୍ରହତା
ଜଡ଼େଇଯିବ,
ଜଡ଼େଇଯିବ ସାଗରର
ଅଭୁକ୍ତ ଶରୀର,

ଝାଉଁବଣର ସାଇଁସାଇଁ
ଉଚ୍ଚାଙ୍ଗ ସଙ୍ଗୀତରୁ
ବୁଝିହୋଇଯିବ
କୋଉଠି ଛପିଥାଏ
ଆନନ୍ଦର ବୀଜ,
ମୁକ୍ତିର ମୟୁଖ ।

ପଥରର କଠିନତ୍ୱ
ମନେହେବ
ତରଳ ଦ୍ରବଣ
ବୁଝିହୋଇଯିବ
ଅସଂଗତି ହିଁ ଲେଖିଥାଏ
ଉଡ଼ାଣର ପର୍ବ ।

କିଏ କାହିଁକି ଚିରିଦିଏ
ବୃକ୍ଷର ବେଦନା,
ନବ ବସ୍ତ୍ର ପିନ୍ଧି ମଧ୍ୟ
କାହିଁକି
ଅପରିଚିତ ରହିଯାଏ
ଦିନର ସାନ୍ତ୍ୱନା ।

ଦିନେ ଖୁବ୍ ପାଖରେ
ଛିଡ଼ାହୋଇଯିବ
ଲୁଚିବାର ନିଗୁଢ଼ ନିଜତ୍ୱ,
ନୀଳ ଇଚ୍ଛାର ଭବିତବ୍ୟ,
ବୁଝିହୋଇଯିବ
ନବୁଝିବାର ବାହାରେ ଥିବା
ଅନର୍ଥର ଲୁଣ୍ଠିତ ଉଦ୍ଦେଶ୍ୟ ।

ଉଭେଇଯିବ
ଖେଳ ଏବଂ
ଖେଳାଳିର ବିଶେଷଣ,
ସେ ଦିନ ବୋଧେ
ମୁଁ ହୋଇଯିବି
ମୋର ଅତି ଅନ୍ତରଙ୍ଗ ॥

ଅର୍ଥର ଅନର୍ଥ

ଅକାରଣର
କେଉଁ ଗ୍ରନ୍ଥିରେ
ଛପି ବସିଥାଏ
ଅନର୍ଥର ଅର୍ଥ,
ଲୁହକୁ ସିଝେଇ ପାରୁଥିବା
ଖରାର ଛଳୀୟ ଦୀର୍ଘଶ୍ୱାସ ।

ଅନର୍ଥର ଅଙ୍ଗାରୀ ଆଖିରେ
ଝୁଲି ପଡ଼ିଥାଏ
ସବଳତାର ଫଳ,
ବହଳ ହୋଇଯାଏ
ପାପର ପାଉଁଶିଆ ରଙ୍ଗ ।

ନିର୍ଦ୍ଦେଶିତର ଅଙ୍ଗୁଳିରୁ
ଝରିପଡ଼େ ବାକ୍ୟର ଅଙ୍ଗାର,
ନଈର ଛାତିରେ
ଉବୁଟୁବୁ ହେଉଥାଏ
ଅନୁଭବର ଶରୀର,
କେଉଁଠି ଥୋଇହେବ ପାଦ,
ପ୍ରୀତିରେ ନା ପରାର୍ଥରେ ?

ସମୟର ବାରଣ୍ଡାରେ
ଚାଲିଥାଏ ସବାକ୍ ଓ
ନିର୍ବାକର ବିଚାର ବିମର୍ଷ,
ବର୍ଷା, ବିଜୁଳି, ବଜ୍ରଙ୍କର
ସଶସ୍ତ୍ର ଆକ୍ରମଣରେ
ଭାଙ୍ଗିଯାଏ ଶାନ୍ତିର ଉଦ୍ୟାନ ।

ସବଳତା ଏବଂ
ନିର୍ବଳତାର ସମ୍ଭୋଗରୁ
ଜନ୍ମ ନିଏ ନୀରବତାର
ନିସ୍ତରଙ୍ଗ ଅଭିମାନ ।

ଲୋଡ଼ିବା ମଧ୍ୟରୁ
ବାହାରି ଆସିଥାଏ
ଖୋଜିବାର ପାଦ ।

ନିଭନ୍ତା ଚୁଲିର
କୁହୁଳା ଧୂଆଁରେ
ଛଟ୍‌ପଟ୍ ହେଉଥାଏ
ଶାପଗ୍ରସ୍ତ ଶୋଷ ।

ଭଲପାଇବାର
ଛାତିକୁ ଆବୋରି
ବସିଥାଏ ନିରୁତ୍ସାହର ନିଦ,
କେହି କହିପାରିବକି
କେଉଁ ରନ୍ଧ୍ର ଦେଇ
ଆସିଥାଏ ଅନର୍ଥର ଅର୍ଥ ?
ବିଶ୍ୱାସମାନେ
ହଜିବାର ଦିନ ? ?

ଆକାର

ଯେବେ ରହିହୁଏନି
କି ଯାଇ ହୁଏନି
ସହି ହୁଏନି
ଦହଦହ ଦହକୁ ଥିବା
ଦରଜର ସତେଜ ସ୍ପନ୍ଦନ,
ଆକୁଳିତ ପ୍ରଶ୍ନମାନ
ପହଂଚିଯା'ନ୍ତି
ଶେଷ ସ୍ୱର୍ଗର ସର୍ବଶେଷ
ଦୁଆର ପାଖରେ,
ଚିତ୍କାରି ଉଠେ
ପ୍ରଶ୍ନର ହୃଦୟ ।

କେବେ ଶୁଝିବ
ଏଲୁହର କରଜ... ?
ମାଟିର ଶିରାପ୍ରଶିରାରୁ
ଉଚ୍ଛୁଳିଉଠେ
ରକ୍ତର କ୍ରନ୍ଦନ ।

ରକ୍ତ କେବେ
ପକ୍ଷୀହୋଇ ଉଡ଼େ ତ
କେବେ ପାଲଟିଯାଏ

ଲୁହର ସମୁଦ୍ର,
ପାକଳ ବିନତିରୁ
ଅହରହ ଝରୁଥାଏ
ଆଷାଢ଼ ଶ୍ରାବଣ ।

ଓଁକାର କେବେ
ଆକାର ହୋଇଯାଏ ତ
କେବେ
ଆକାର ପୁଣି ମିଶିଯାଏ
ଓଁକାରର ଶୂନ୍ୟାତୀତ
ସହସ୍ରା ମଧ୍ୟରେ,
ମାୟାର ମୁଠି
ଭିଡ଼ି ଧରିଥାଏ
ପଚଂମ ବେଦର ପଣତ ।

ନିକଟତାର ଆଭାସ
କେବେ ତୃପ୍ତିର
ଶିହରଣ ହୋଇ
ଦିଗନ୍ତର ବକ୍ଷରେ
ଆଙ୍କିଦିଏ ହସହସ
ଲୁହର ଚୁମ୍ବନ,
କେବେ ନଥିବାର
ଛାୟାକଚ୍ଛ ପାଲଟିଯାଏ
ହା...ହାକାରର
ଶିରାଳ ସଂପଦ ।

ଯୋଉଠି
କ୍ରିୟମାଣର ଅଙ୍ଗରେ
ଲେଖା ନଥାଏ ଧାରେ

ଦାଗର ଜାଗରଣ,
ସେଠି କାହିଁକି ହଜିଯାଏ
ସୁଖର ସୁନାଥାଳି...?
ସେଠି କାହିଁକି କାନ୍ଦୁଥାଏ
ଜଳ ଶୂନ୍ୟା ନଈ...?
ସମାପ୍ତିର ଦିନ ଗଣୁଥାଏ
ଅର୍ଦ୍ଧଦଗ୍ଧ ହୁତି...?
ଲିଭିଯାଏ ଶାନ୍ତିର ଆରତୀ...?
ପବନର ପାକସ୍ଥଳିରେ
ବସିଥାଏ ଅବସାଦର
ଅନିଦ୍ରିତ ରାତି...? ॥

ପ୍ରଣବବେଦୀ

ଏହିଥର ମୁଁ
ନିଜକୁ ଛିଣ୍ଡେଇ ଆଣିଛି
ହଜିଗଲା ଠିକଣାର
ଖୋଜିଲା ପଣରୁ,

ନିଜକୁ ବି
ମୁକୁଳେଇ ଆଣିଛି
ଭ୍ରାନ୍ତିର ଭାବଧାରାରୁ,
ସମ୍ପର୍କର ସର୍ପିଳ ଚୋଟରୁ,

ମାଟିର ପୁସ୍ତକରୁ
ଲିଭେଇ ଦେଇଛି
ମଳିନ କାହାଣୀର
ସାମୂହିକ ସମାବେଶ,
ଅଶ୍ଳୀଳ କବିତା ମାନଙ୍କର
ନିବେଦିତ ଦୀପ ।

ମିଛକୁ ଉଡ଼େଇ ଦେଇଛି
ପଥରର ପ୍ରାଣ ପ୍ରତିଷ୍ଠାରୁ,
ମାୟାର ଅର୍ଚ୍ଚନାରୁ,

ଫିଙ୍ଗିଦେଇଛି
ପରାଧୀନତାର ପଦକ,
ବୟସ୍କ ପରିତାପର ଗଳାରେ
ପିନ୍ଧେଇ ଦେଇଛି
ଆଲୋକର ମାଳ,
ତ୍ୟାଗି ଦେଇଛି
ବାହ୍ୟିକ ଆଡ଼ମ୍ୱରର
ଆୟୋଜନ ।

ଭୋକରୁ
ନିଗାଡ଼ି ଦେଇଛି ରାତି,
ଶୋଷରୁ
ଚିପୁଡ଼ି ଦେଇଛି ସ୍ୱପ୍ନ,
ନିଜକୁ ଅଧିଷ୍ଠିତ କରିଛି
ପ୍ରଣବର ପ୍ରଣୟୀ ବେଦୀରେ,
ମୁଁ' ଏବେ ଭ୍ରମଣ କରୁଛି
ମୋ ଶରୀର ଭିତରେ ।

ଏଥର
ଭୂମିର ଆମନ୍ତ୍ରଣ ପତ୍ରରେ
ଲେଖିବାର ଅଛି
ଇତି ଇତି ଇତି,
ଭାଙ୍ଗିବାର ଅଛି ପୀଡ଼ାର
ପଂଚମ କୋଠରୀ ।
ନିଜକୁ
ମୁକୁଳେଇ ଆଣିଛି
ସକାମର ସଂଗରୋଧରୁ,
ଛିଣ୍ଡେଇ ଆଣିଛି
ମାଟିର ନାଭିରୁ ॥

ମୁଁ ନାହିଁ

ମୁଁ ପାଇଯାଇଛି
ହଜେଇ ଦେଇଥିବା ଠିକଣା,
ଏବେ ଛିଡ଼ାହୋଇଛି
ମୋ ପ୍ରକୃତ ପରିଚୟର
ସଂଚାର ବିନ୍ଦୁରେ ।

ଖୋଜୁଛ ମୋତେ... ?
ମୁଁ ନାହିଁ ବୋଲି
ଜାଣିଗଲା ପରେ... ?
ଥିବାର ଭୂମିରୁ
ହଜିଗଲାପରେ.. ?

କାହିଁକି ପଚାରୁଛ
ସେ କଥା ଯୋଉ କଥା
ଶୁଣିବାକୁ
ଚାହିଁନାହଁ କେବେ...
ଏବେତ ଜୀଇଁ ଉଠିଛନ୍ତି
ସେହି ଧାଡ଼ି ମାନେ
ଯୋଉ ଧାଡ଼ିମାନ
ମରିଯାଇଥିଲେ
ଅଦିନିଆ

ବଜ୍ରପାତରେ,
ସମୟର ରୁଗ୍ଣ
ଅଭିସମ୍ପାତରେ ।
ନେଇ ଆସିଛି
ମଂଚରେ ପଡିରିହିଥିବା
ମୃତ ଶବମାନଙ୍କର ହସ,
ନକ୍ଷତ୍ର ମାନଙ୍କୁ
ଫୋଟକାପରି
ଫୁଟେଇଫୁଟେଇ
ପହଂଚି ଯାଇଛି
ନିଜ ପାଖରେ ।

ଭାଙ୍ଗି ଦେଇଛି
ରକ୍ତର ଝରକା,
ଡ଼େଇଁ ଆସିଛି
ଝଡ଼ର ଅଭିସାର,
ଜନ୍ମ ମୃତ୍ୟୁର
ଚକ୍ରାୟିତ ଘୂର୍ଣ୍ଣନ ।

ପୋଛି ଦେଇଛି
ବୃକ୍ଷ ମାନଙ୍କର ବିଷାଦ
ଯୋଉ ବୃକ୍ଷ
ମଣିଷର କଥା ଭାବି
ଦୀର୍ଘ ହୋଇଥାଏ ।

ଜଳେଇ ଆସିଛି
ନୀରବ ଶୋକର ହୃଦୟ,
ବନ୍ଧନର ସୂତାଫୁଲ,
ଲିଭେଇ ଆସଛି

ସେଇ ଦୀପ
ଯୋଉ ଦୀପ ଜଳୁଥିଲା
ଅପ୍ରାପ୍ତିର ଗମ୍ଭୀରା ଭିତରେ,

ଆଉ କାହିଁକି
ଖୋଜୁଛ ମୋତେ...
ମୁଁ ନାହିଁ ବୋଲି
ଜାଣିଗଲାପରେ...?॥

ବାହାରିଆସିଛି

ମୁଁ ବାହାରି ଆସିଛି
ଲୁହମାନଙ୍କର
ନୃତ୍ୟାଭିନୟରୁ,
ପ୍ରଣୟର ପଦ୍ମ ପରାଗରୁ,
ଋତୁଙ୍କର ଚକ୍ରାୟିତ
ଚଂଚକତାରୁ,
ଉଦାସୀ ଭାଗ୍ୟର
ଭୌଗଳିକ ପରିଚୟ ପତ୍ରରୁ,
ଏବେ ମୋର
ଆଲୋକିତ
ଆରୋହଣର ବେଳ ।

ବାହାରି ଆସିଛି
ପାଣିର ଅତୃପ୍ତ
ପରିତାପରୁ,
ଚରିତ୍ରର ଚିତ୍ରିତ
ଚିତ୍ରା ବଳୀରୁ,
ପବନର
ଘୁମନ୍ତ ପ୍ରଳାପର
ପଦ ଧ୍ୱନିରୁ,

ଛାୟାର ଛବିଳ ଛଳନାରୁ,
ପଥରର ପାର୍ଥୀବ ପଦାର୍ଥରୁ,
ଏବେ ମୋର ଧ୍ୟାନ ଏବଂ
ଧାରଣାକୁ କେନ୍ଦ୍ରିଭୂତ
କରିବାର ବେଳ ।

ବାହାରି ଆସିଛି
ତମସାର ତାମସିକ
କ୍ରୀଡ଼ା କୌତୁକରୁ,
ରାଜସିକତାର
ରାଜକୀୟ କାମନାର
କନକ ବେଦୀରୁ,
ଛାୟାଶ୍ରୟୀ ଇଛାଙ୍କର
ଛପନ ଭୋଗରୁ,
ଅଙ୍କିତର
ଅର୍ଥାୟିତ ଅଗଣାରୁ,
ଏବେ ମୋର
ବ୍ୟାସାର୍ଦ୍ଧ୍ୟର
ବାସନାକୁ ଛିନ୍ନ
କରିବାର ବେଳ ।

ବାହାରି ଆସିଛି ଦର୍ପଣର
ଦର୍ପିତ ଦୟାରୁ,
ମାଟିର ମସୃଣ ମୋହରୁ,
ମାୟାର ମାୟାବୀ ମନ୍ତ୍ରରୁ,
ଆସକ୍ତିର
ଅସରନ୍ତି ଅଶାନ୍ତିରୁ,
ମିଛର ମୌଳିକ
ମାନଚିତ୍ରରୁ,

ଅକାରଣର ଚାରଣଭୂମିରୁ,
ଏବେ ମୋର ବିସ୍ତାରିତ-
କରିବାର ଅଛି
ଆଭାର ଆବର୍ତ୍ତ,
ଏବେ ମୋର
ଆରୋହଣର ବେଳ ॥

ମୁଁ ଏବେ

ମୁଁ ଏବେ ବିଦାୟ ନେଉଛି
ତା' ତାପିତ ଆଚରଣରୁ,
ବିରକ୍ତିର କଙ୍କରିତ ବାକ୍ୟରୁ,
ପୁରୁଷ ପ୍ରାଧାନ୍ୟତାର
ଆଦିମ ବିଚାରରୁ,
ଅଶାନ୍ତିର ଅଭିଧାନରୁ,
ଅସୁରକ୍ଷିତ ଭାବନାର
କନିଷ୍ଠାଙ୍ଗୁଳିରୁ,
ପ୍ରତ୍ୟେକ ମୁହୂର୍ତ୍ତରେ
ହାରି ଯାଉଥିବା ସଂଗ୍ରାମରୁ,
ତାର ଉଦ୍‌ଭ୍ରାନ୍ତ କ୍ରିୟାର
ଅସହିଷ୍ଣୁତାରୁ,
ପ୍ରେମ ଶୂନ୍ୟ ରଚନାରୁ,

ଅଭିନୟର ସଦାସୁଖୀ
ଚମକରୁ,
ଅବସନ୍ନତାର ଅୟମାରମ୍ଭରୁ,
ଅପାରଗ ଆଖ୍ୟାୟିକାରୁ,
ଦୋଷାରୋପର
ଦହନ ଜ୍ୱାଳାରୁ,
ମେଦ ମାଂସର
କାଳାତୀତ ସମସ୍ୟାରୁ ।

ହଁ, ବାହାରିଯିବାକୁ ହେବ
ବେଳ ଅବେଳର
ମାନେ କ'ଣ... ?
ପ୍ରତିମୁହୂର୍ତ୍ତରେ
ଦୁଃଖର ଚପେଟାଘାତ
ଦେଖେଇ ଦେଇଛି
ସାତ ସାଗରର
ଅନାକାରିତ ହୃଦୟ ।

ଆଜୀବନ ସମୟ ମୋତେ
ଛିଡ଼ା କରେଇଛି ହୀନତାର
ଅଳିଆ ଗଦାରେ,
ଲୁହ ଲହୁ ହୋଇଯାଇଛି
ନିର୍ଦ୍ଦୟତାର
ତର୍ଜ୍ଜନୀ ଆଗରେ ।

ହଁ, ମୁଁ ବାହାରି ଯାଉଛି
ଆକ୍ଷେପର ଆପେକ୍ଷିକ
ଉଚ୍ଚାରଣରୁ,
କ୍ଷତର କ୍ଷରିତ ବେଦନାରୁ,
ତାଡ଼ନାର ଜୀବନ୍ତ କ୍ଷୁଧାରୁ ।

ଶବ୍ଦମାନଙ୍କୁ
ପ୍ରଣାମ ଜଣାଉଛି
ବଚେଇ ରଖିଥିବାର
ସହଯୋଗରେ,
ଅସମାପିତ ଆଶିଷ ଦେଉଛି
ଯେ ତାର ଚୁଲ୍‌ବୁଲିପଣରେ,

ଅନାବିଳ ସ୍ନେହରେ,
ପୋଛି ହାଲ୍‌କା କରିଦେଇଥିଲା
ଅନ୍ଧାରର ଗଭୀର ଘନତ୍ୱ,
ତା ପାଇଁ ମୋର ସର୍ବସ୍ୱଖି
ଆଶିଷ ଓ ଆଶିଷ ॥

ସଂଲଗ୍ନ

ଜୀବନର ନିୟମାଙ୍କ
ଅଦୃଶ୍ୟ ହୋଇଗଲେ
ସଂଲଗ୍ନ ହୋଇଯାଏ
ତା ଅନ୍ତରଂଗତାର
ବିକିରଣ,

ଛୁଇଁହୁଏ
ଅବିଗୁଣର ଆକାରିତ
ସୁରମ୍ୟ ସୌଭାଗ୍ୟ ।

ନିଭନ୍ତ ସୂର୍ଯ୍ୟର
ସ୍ନାନାଗାରରେ
ଥୋଇଦେଇହୁଏ
ଭାବନାର ନିମ୍ନମୁଖୀ
ମଳିନ ଶରୀର,
କହିହୁଏ ଯାହା କହିବାର
ଭାଷାକୋଷରେ
କେବେବି ନଥାଏ ।

କେତେବେ ସେ'
ପାଦ ମନେହୁଏ ତ

କେବେ ପଦ ରଜର
ଉଦ୍‌ଭାସିତ ଅଣୁ,
ସ୍ଥିରତାର ଚିତ୍ର ଭୂମିରେ
ଅବର୍ଣ୍ଣ ଭଲପାଇବାର
ଶ୍ଳୋକ ଶୂନ୍ୟ ସିନ୍ଧୁ ।

ନିରାନୁଭବ ଅନୁଭବରେ
ଝଟକୁଥାଏ
ଅପଲକ କୃପାର ଗହଣା,
ଅତୀନ୍ଦ୍ରିୟର ଅପରିମିତ
ସ୍ନାୟୁ ରନ୍ଧ୍ରରୁ
ପ୍ରତିପଳ ଝରୁଥାଏ
ଦୟାର ଗହଣା ।

ନିଜକୁ ବୋହି ଚାଲିଛି
ସହିପାରୁଛି
ଭାଗ୍ୟର ଅହନ୍ତା,
ଏମିତି ଏକ ଅନୁଭବରେ
ଖୁବ୍ ଶୀଘ୍ର ସରିଯାଉ
ଜୀବନର ଯାତ୍ରା ॥

ଛୁଇଁଛିମାନେ

ନିଜକୁ ଛୁଇଁଛିମାନେ
ଛୁଇଁପାରିଛି
ତା'ଭଲପାଇବାର
ଆପାଦ ମସ୍ତକ,
ପକ୍ଷୀର ଡ଼େଣାରୁ
ଲିଭେଇ ଦେଇଛି
ସୀମା ସରହଦ ।

ସଳଖି ଦେଇଛି
ଧୈର୍ଯ୍ୟର କଟୀ,
ନିଖରି ଦେଇଛି
ଲଟୀର ଲାବଣ୍ୟ ।

ବାଦଲକୁ
ଆଡ଼େଇ ଦେଇଛି
କୋହର ଆକାଶରୁ,
ଶଂସୟର ଚେରକୁ
ଉପାଡ଼ି ଦେଇଛି ବିଭେଦର
ପାଚେରୀ ସନ୍ଧିରୁ ।

ଶୁଣି ସାରିଛି ଯାହା ତମେ
ଏଯାଏଁ କହିନ,
ଚାଲି ସାରିଛି ଯୋଉପଥ
ଏଯାଏ ତିଆରି ହୋଇନି ।

ବହୁଦିନ ପରେ ଜାଣିଲି
ମୋ ଆରମ୍ଭ ହିଁ
ପଢ଼ି ନେଇଥିଲା
ଅନେକ ଆରମ୍ଭର
ଗଦ୍ୟ ଆଉ ପଦ୍ୟ,
ଅଧା ମୁକୁଳା ସକାଳରୁ
ପିଇ ନେଇଥିଲା
ମୁକ୍ତିର ଚନ୍ଦୁକ ।

ନିଜକୁ ଛୁଇଁଛିମାନେ
ପାରେଇ ଯାଇଛି
ରନ୍ଧ୍ର ପରେ ରନ୍ଧ୍ର,
ନିଆଁର ଶାଢ଼ୀ ପଣତରେ
ବାନ୍ଧି ନେଇଛି
ସାର୍ଥକତାର କ୍ଷୁଣ୍ଣିତ ସମୟ ।
ଭାସି ଗଲାବେଳେ
ମେଢ଼ ମାନେ ଝୁଲିପଡ଼ନ୍ତି
ହସର ଗଳାରେ ।

ଅକାରଣର
ବିଧାନ ମାନଙ୍କୁ
ଫିଙ୍ଗିଦେଇଛି
ନଦୀର ଗର୍ଭରେ ।

ନିଜକୁ
ଛୁଇଁପାରିଛି ବୋଲି
ପାଦ ଉଠେଇପାରିନି
ମୁଖଶାଳାର ଦିଗକୁ
ପୂଜି ପାରନି
ମୂର୍ତ୍ତୀର ନିଥର ଚକ୍ଷୁକୁ,
ଅସ୍ୱୀକାର କରିପାରିନି
ଜାଗତିକ ଈଶ୍ୱର ମାନଙ୍କୁ ।

ନିଜକୁ ଛୁଇଁଛି ବୋଲି
ବାହାରି ଆସିଛି
ଅପଚୟି ଭାବନା ମଧ୍ୟରୁ,
ତ୍ରିକାଳ ଆଶ୍ୱାସନାର
ମଝିରେ ଥୋଇ ଦେଇଛି
ଅସ୍ଥିହୀନତାକୁ ॥

ବିରତି

କିଛିଦିନ ପାଇଁ
ବିରତି ନେବାର ଅଛି
ଆରତୀର ନିଦୁଆ ଆଖିରୁ,
ଶବ୍ଦର ସରାଗରୁ,
କବିତାର କନକ କାନ୍ତିରୁ,
ଆବେଗର ଅକ୍ଳାନ୍ତ ଶ୍ରଦ୍ଧାରୁ,
ଛନ୍ଦର ପରାଗରୁ ।

ମରଣକୁ ଗିଳି ସାରିଥିବା
ସ୍ୱପ୍ନଙ୍କର ଛଳୀୟ ଖେଳରୁ,
ଥିବାପରି ଲାଗୁଥିବା
ନଥିବାର ପହଣ୍ଡି ବିଜେରୁ,
କହିପାରି ନଥିବା କଥାଙ୍କର
ମୂର୍ଚ୍ଛିତ ବେଦନାରୁ ।

ବିରତି ନେବାର ଅଛି
ପଥରକୁ
ପାଣି ନକରିପାରିବାର
ବିଫଳ ବିଦ୍ୱେଶରୁ,
ଜାଳିବା ଏବଂ ଜଳେଇବାର
ମାନେ ଖୋଜିବାରୁ ।

ଖରାର ଭଜା କରେଇରୁ,
ବର୍ଷାର ଅଧିର ପତନ କ୍ରିୟାରୁ,
ଶରତର ସାତ୍ତ୍ୱିକ
ଭାବମୟତାରୁ,
ଶୀତର ହଳଦୀ-
ମଖା କମ୍ପନରୁ,
ବସନ୍ତର ଯୌଗିକ
ଅଭିମାନରୁ, ।

ହଁ,
ବିରତି ନେବାର ଅଛି
ନିଃଶ୍ୱାସ ପ୍ରଶ୍ୱାସଙ୍କର
ଯାତାୟତ
ଯାତ୍ରାଭିନୟରୁ,
ରାତିର ଓଠରେ
ଦିନର ଲିପ୍‌ଷ୍ଟିକ-
ଲଗେଇବାର
ପ୍ରଚେଷ୍ଟାରୁ,
ଦିନର ଭିକାରିପଣକୁ
ବଡ଼ଶାଳୀ କରିବାର
ବିନ୍ଧାଣୀୟ ଛେଣି, ହାତୁଡ଼ିରୁ,
ସାମୂହିକ ପ୍ରସଙ୍ଗର
ଆଲୋଚନା ଚକ୍ରରୁ ।

ହଁ,
ବିରତି ନେବାର ଅଛି
ବିରତି ପରେ
ଉଦ୍‌ଭି ଉଠେ ନୂତନ ଦିଗନ୍ତ,
ଭାବରୁ ଉଭେଇଯାଏ
ବାସିବାସି ଗନ୍ଧ ।

କିଛି ଦିନପାଇଁ
ବିରତି ନିଆଯାଉ
ଚିରାଚରିତ
ବହମାନତାରୁ ॥

ଆଲୋକଅନ୍ଧାର

ଆଉ ଇଚ୍ଛାନାହିଁ
ଜୀବନର ବେଳାଭୂମିରେ
ଖେଳିବାକୁ
ଜନ୍ମଜନ୍ମାନ୍ତରର
ସୁଖ ଦୁଃଖ ଖେଳ,
ପୋଛିବାର ନାହିଁ
ପ୍ରାପ୍ତିର ଗହଳିରୁ
ଛିଣ୍ଡା କାଗଜର ଲୁହ ।

ଆଲିଙ୍ଗନର ଆଇନାରୁ
ମାପିବାର ନାହିଁ
ଭଲପାଇବାର ଭୂଖଣ୍ଡ,
କଷିବାର ନାହିଁ
ପଙ୍କରୁ ପାପ ହେବାର ଗଣିତ,
ପଦ୍ମରୁ ପଢ଼ିବାର ନାହିଁ
କ୍ଷତର କରୁଣ ଦର୍ଶନ ।

କବିତାର ଶବ୍ଦ ମାନେ
ସଂସାରୀ
ହୁଅନ୍ତୁ କି ସନ୍ନ୍ୟାସୀ
ଏହିଥର ହିଁ

ସମୟର ଇଙ୍ଗୀତକୁ
ଭସେଇ ଦେବାର ଅଛି
ଅଭାବର ଭଉଁରିରେ ।

କପାଳରୁ
ପୋଛିବାର ଅଛି
ଶୋଷିତ ତାଚ୍ଛଲ୍ୟ,
ପୁରାତନରୁ
ଉଚ୍ଛେଦିବାର ଅଛି
କ୍ରମାୟନ୍ୱୟର
ଆଦାନ ପ୍ରଦାନ
ଜନ୍ମର କୋମଳ କଲ୍ଲୋଳ ।

ଛାଇରୁ ପ୍ରଣୟର ଛଳ,
ତେଜର ଛାତି ପକେଟ୍‌ରୁ
ଅନ୍ଧ ସମର୍ପଣ,
ମନରୁ ମିଶାଣର
ଫେନିଳ ସପନ,
ଗୁଣନରୁ ଗୁଣିତ ପିପାସା,
ଭାଜ୍ୟରୁ ଭାଜକର
ଜଟିଳ ମୀମାଂସା ।

ଇଚ୍ଛା ନାହିଁ
ଖରାରେ ଶୁଖେଇ ପୁଣି
ବର୍ଷାରେ ଧୋଇବା ।

ଶିଶିରାୟିତ ସ୍ନେହକୁ
ଶିଖେଇବାର ଅଛି
ମୋହ ଭଙ୍ଗର ମନ୍ତ୍ର ।

ଦେଖିପାରୁଛି
ମୋକ୍ଷର ଆଖିରେ
ଢ଼ଳଢ଼ଳ ଆମନ୍ତ୍ରଣର
ସ୍ୱର୍ଗୀୟ ଆନନ୍ଦ
ହଁ, ଢ଼େଁଇଯିବାର ଅଛି
ଯିବା ଆସିବାର
ଆଲୋକ ଅନ୍ଧାର ॥

ମନବୋଧ

ନିଜକୁ ନିଗାଡ଼ି ଆଣିଛି
ଗ୍ରୀଷ୍ମର କଳସୀରୁ,
ଆଲୋକିତ ଅଶ୍ରୁର
ଆଲୋଚନାରୁ,
ଘୃଣିତ ପରାଭବର
ପ୍ରୟୋଗଶାଳାରୁ,
ବିସ୍ମୟର ପଦାତିକ
ପରିଚର୍ଯ୍ୟାରୁ ।

ପାଉଁଶକୁ
ଆଡ଼େଇଆଡ଼େଇ
ପହଂଚି ଯାଇଛି
ଅଗ୍ନିର ଅରଣ୍ୟରେ,
ଯେଉଁଠି ସରିଯାଏ
କାତରତାର କୋହ
ସେଇଠୁ ଛିଣ୍ଡେଇ ଦେଇଛି
ନାଭିନାଡ଼ର ନିରର୍ଥ କ୍ରନ୍ଦନ ।

ଆଖିରୁ ପୋଛି ଦେଇଛି
ନୀରବତାର ବକ୍ଷରେ
ଦଣ୍ଡାୟିତ ହୋଇ
ନିଜକୁ ନିଜେ ଦେଇଚାଲିଛି

ପ୍ରେରଣାର ଉତ୍ସ,
ଉତ୍ସାହର ଉର୍ବୁ ଦେଶରେ
ନିଜକୁ ନିଜେ
ରୋପି ଦେଇଛି,
ହୋଇଯାଇଛି
ଜ୍ୟୋସ୍ନାୟିତ ତିଥିର
ଉତ୍ତର ପୁରୁଷ ।

ନିଜକୁ ଶୁଆଇ ଦେଇଛି
ନିଆଁର ଗଦିରେ,
ଜାଣିନଥିଲି
ନିଆଁରେ ବି ଫଳ-
ଫଳେଇବାର ରେତ ଥାଏ,
ସଂପୂର୍ଣ୍ଣତାର
ଶିରୋନାମାରେ
ଭୋଗିବାର
ଭାଗ୍ୟ ମଧ୍ୟ ଥାଏ
ମୁଠାଏ ଧୂଳିରେ ।

ଜ୍ଞାନର ଫୁଲମାଳ
ଗୁନ୍ଥାଥାଏ
ସ୍ମୃତିର ସୂତାରେ..

ଏବେ ପାଉଁଶକୁ
ଆଢ଼େଇଆଢ଼େଇ
ପାଇଯାଇଛି ନବୋଦିତ
ଭୋକର ନବାନ୍ନ ଠିକଣା,
ଅନ୍ଧାରକୁ ପଦାଘାତ କରିବାର
ସବଳ ସଦିଚ୍ଛା ।

ହଁ, ମୁଁ ନିଜକୁ
ନିଗାଡ଼ି ଆଣିଛି ମରୁଭୂମିର
ନିଃସଙ୍ଗ ଆଳାପରୁ,
ଗ୍ରୀଷ୍ମର ଗର୍ଭାଶୟରୁ ।
ନିଜକୁ ଛିଡ଼ା କରିଦେଇଛି
ବିଶ୍ୱାସର ପ୍ରଥମ ପାହ୍ୟାଚରେ ।

ବୟସର ପାକଳ
ପତ୍ରର ପିଠିରେ
ଷଡ଼ରିପୁର ଶବ,
ମସ୍ତକରେ ବହୁରଙ୍ଗୀ
ଫୁଲର ସୁବାସ,
ମନବୋଧର
ଏ ଏକ ସପନ କେବଳ ॥

ଯିତିବାରମାନେ...

ହଁ, ମୁଁ ଖୁବ୍ ଶୀଘ୍ର
ଚାଲିଯିବି
ଏଇ ଚିତ୍ରାୟିତ
ଚଂଚକତାରୁ,
ଅସୁସ୍ଥ ଆଚରଣର
ଅଭୟାରଣ୍ୟରୁ,
ଅଶ୍ରଦ୍ଧାର ଉଦରରୁ,
ପ୍ରଭୂତ୍ୱର ପଦାଘାତରୁ ।

ଆରୋପିତ ଅଧ୍ୟୟର
ତୃତୀୟ ପୃଷ୍ଠାରୁ,
ଦ୍ୱିତିୟ ପୃଷ୍ଠାର ଅନତି ପୂର୍ବରୁ ।

ବୁଝେଇବୁଝେଇ
ଶୁଖିଗଲାଣି
ପରାଶ୍ରିତ ପ୍ରେମର ପଣତ ।

ନିମିତ୍ତତାର କ୍ଷୀରପାତ୍ରରୁ
ପାଣି ଫାଟି ସାରିଲଣି
ପାଣିଫୋଟକାର
ନିମିଷେ ଆୟୁଷ ।

ପ୍ରେମର ପାଖୁଡ଼ାମାନ
ଝଡ଼ିଗଲା ପରେ
ବୁଝି ଗଲିଣି
ଡେ଼ଙ୍ଗର ନିରୁପାୟ ସ୍ଥିତିର
ନୀରବ ଅଭିସାର ।

ମୁଁ ଦେଖିପାରୁଛି
ମୋ ଦେଖିବା
ସେପାଖରେ ଥିବା
ସ୍ୱାଗତର ଭବ୍ୟ ଆଡ଼ମ୍ବର ।

ନିରନ୍ତର ଆନନ୍ଦର
ଦେଦୀପ୍ୟମାନ ଆମୋଦ,
ପ୍ରାଚୁର୍ଯ୍ୟ ଶୂନ୍ୟ ପ୍ରାଚୁର୍ଯ୍ୟର
ବିନୋଦି ଉଦ୍ୟାନ,
ନୀଳ ନୀରବତାର
ଯୋଗାଭୀ ଐଶ୍ୱରର୍ଯ୍ୟ ।

ହଁ, ମୁଁ ଖୁବ୍ ଶୀଘ୍ର
ବାହାରିଯିବି
ଶରବ୍ୟ ଶବ୍ଦରୁ,
ତାଡ଼ନାର ତନ୍ତୁରୁ ।

ତା'ପରେ
ନିଜକୁ ହଜେଇଦେବି
ଅଦ୍ୱୈତ୍ୟରଆଦିମ ସୁଖରେ ।
ମୁଁ ଗଲାପରେ ଜାଣେନା
ସେ' ଛିଡ଼ା ହୋଇଥିବ
ପ୍ରଭୂତ୍ୱର କେଉଁ ପର୍ବତ ଚୂଡ଼ାରେ... ?॥

ବାହାରିଯିବି

ନିଅ ମୋ
ଅବନତ ଅଭିଷେକର
ନିରବ ଉଚ୍ଚାରଣ,
ବାକିଥିବା ଆୟୁଷର
ସଜଳ ସମୟ,
ଶବ୍ଦର ସହରରୁ
ପରାଧିନତାର ଅଳଙ୍କାର ।

ନିଅ ମୋ
ଅସମର୍ଥତାର ଆୟକର,
ରୁଗ୍ଣ ଚର୍ମରୁ ଜଳକର ମଧ୍ୟ,
ଭୌତିକ ଆସକ୍ତିରୁ
ମୋର ଏବେ
ବାହାରି ଯିବାର ବେଳ ।

ନିଅ ମୋ ନୀରର୍ଥ
ଉପସ୍ଥିତିର ନଶ୍ୱର ନର୍ତ୍ତନ,
ଉଚ୍ଚାଟନ ନଥିବା ପ୍ରେମର
ନିରକ୍ତ ନୟନ,
ଯଶର ସବୁଜ ଶାଳୀନତା,
ନିଭୃତ ଅପଯଶର
ପବିତ୍ର ଅଂଜଳି,

ସ୍ମୃତିର ରାସ୍ତାରେ ମରିପଡ଼ିଥିବା
ଦିନମାନଙ୍କର
ଦୟନୀୟ ଭାବ ।

ଆଗାମୀର ଦୀପ୍ତିମୟ
ସ୍ଫୁରିତ କହ୍ଲାର,
ମୋର ଏବେ
ବାହାରି ଯିବାର ବେଳ ।

ନିଅ ଉପହାରର ବିଷ ପିଇ
ନିର୍ଜୀବ ହୋଇଯାଇଥିବା
ଆବେଗର ଘର,
ଊର୍ଦ୍ଧ୍ୱପତନ ବେଳର
ଅଶଂସୟି ବକ୍ଷ,
ଅବପାତର ଅଧିର ଅଧର ।

ମୋ ଓଠର ଏରୁଣ୍ଡିରୁ
କାନ୍ଦକାନ୍ଦ ବାକ୍ୟମାନଙ୍କର
ସର୍ବଶେଷ ଶୋଷ,
ମୋ ଅର୍ଥାୟିତ ଭାବନାର
କ୍ଷଣିଏ ଅବସୋସ,
ନିଅ ମୋ ଅଭିନବ
ବିସ୍ମରଣର ସଂକୁଚିତ ଡ଼େଣା,
ନୀରବତାରୁ ଛାଣିନିଅ
ଅଭିମାନର ନିର୍ମଳ ପ୍ରତିମା,
ନିଅ ମୋ ଭୂପତିତ ଭାଗ୍ୟର
ଦୀପତଳ ଘର,
ମୋର ଏବେ
ବାହାରି ଯିବାର ବେଳ ॥ ■

ଯିବାରବେଳ

କେହି କାଟିକୁଟି
ସଫାକରି ଚାଲିଛି
ଅନ୍ଧାରର ଲଟୀ,
କ୍ରମେ ଫର୍ଚ୍ଚା ହୋଇଆସୁଛି
ପୂର୍ବର ଦିଗନ୍ତ,
ମୁଁ ସୁନିଶ୍ଚିତ ଏବେ ମୋର
ଯିବାର ବେଳ ।

ପ୍ରଶ୍ନମାନ ଉତ୍ତରହୋଇ
ଛିଡ଼ା ହୋଇଛନ୍ତି
ମୋର ପାପୁଲିରେ,
ବିଷାଦର ଛାତିରେ
ଲେଖା ଚାଲଇଛି
ବିଳୟର ଗୀତ,
ଆଶାମାନେ ଉଡ଼ିଗଲେଣି
ସମସ୍ୟାର ଡ଼ାଳରୁ ।

ସମୟର ବୃଷ୍ଟିପାତରେ
ଧୋଇ ଯାଇଛି ଅପ୍ରାପ୍ତିର
ଧୂମିଳ ଅକ୍ଷର,
ଏବେ ପାର୍ଥନା ଭିତରକୁ
ପଶି ଆସୁଛି ମରଣର ମନ୍ତ୍ର,

ସ୍ୱପ୍ନର ପର୍ଦାରେ ଭାସି ଉଠୁଛି
ବିସର୍ଜନ ଓ ବିଦାୟର
ସୁଖାନ୍ତକ ଦୃଶ୍ୟ ।

ସମସ୍ତ ପ୍ରଲୋଭନର
ବାହାରେ
ଏବେଏବେ
ଭେଟୁଛି ନିଜକୁ,
ନିଜକୁ ଭେଟିବା ପରେ
ଇଚ୍ଛାମାନେ ଫିଙ୍ଗିଦେଇଛନ୍ତି
ସୁକ୍ଷ୍ମାତୀସୁକ୍ଷ୍ମ ବିଜୟ ଦୀପ୍ତିକୁ ।

ହାଡ଼ ସନ୍ଧିରୁ ଛିଟିକି ପଡୁଛି
ବିଭାଜନର ଅଗଭୀର ହସ,
ଶବ୍ଦମାନଙ୍କର ଘୁମନ୍ତ ନୟନ ।

ଦିଶିଯାଉଛି ଆକାଶର
ନୀଳ ନାଭିପଦ୍ମ,
ଶୁଭିଯାଉଛି ଏକ ସ୍ୱତନ୍ତ୍ର
ଆଲୋକର ଆହ୍ୱାନ,
ପ୍ରକୃତି ଲାଗିପଡ଼ିଛି
ସମାପନର ଉଲ୍ଲସିତ
ଆୟୋଜନରେ ।

ମୁଁ ନିଜକୁ ନିଜେ
କୋଳେଇ ନେଇ
ନିର୍ଭୟର ହାତଧରି
ଛିଡ଼ା ହୋଇଛି
ଗୋଟିଏ ପାଦରେ

ଅନ୍ୟ ପାଦ ଉଦ୍ୟତ୍ ଅଛି
ଚିରସ୍ଥାୟୀ
ଠିକଣାରେ ଦିଗରେ ।

ସୁନିଶ୍ଚିତ ମୋର,
ଏବେ ଯିବାର ବେଳ
ଅପେକ୍ଷା ଏକ
ସିନ୍ଦୁରୀତ ମୁହୂର୍ତ୍ତର ॥

ନୀଳଚୁମ୍ବନ

ସଙ୍କୁଚିତ ସ୍ନେହ,
ନିର୍ଦ୍ଦୟ ବାକ୍ୟର ନିଆଁ
ମଉଳି ଦେଇଛି ମୋ
ପରିବ୍ୟାପ୍ତ ଉଲ୍ଲାସର ପୁଷ୍ପ,
ବୁଝେଇ ହୋଇନି
କ୍ରୋଧିତ ଆଚରଣ ହିଁ
ବିପର୍ଜୟର ସୂତ୍ରଧର,
ଅସୁଷ୍ଟ ପରିଚୟର
ଅନ୍ଧକାର ବୋଲି ।

ମୁଁ ଜାଣିନି
କେବେ କ୍ଷାନ୍ତହେବ
ଲାଭା ଉଦ୍‌ଗୀରଣ,
କାହା ହାତରେ ଅଛି
ନିର୍ବାପନର କଳା ।

କେବେଠୁ ଭାଙ୍ଗିଗଲାଣି
ଆବେଗର ପ୍ରତିବିମ୍ବ,
ଖବ୍ ଦୁର୍ଗନ୍ଧ କରୁଛି
ଆଶାର ଗଳିତ ଶରୀର ।

ମୁଁ ଜାଣେ
ଏକ ଉଦାସୀ ଜୀବନ
ମୋ କପାଳ ଲିଖନ,
ସତେଜ ଆବେଦନକୁ
ପୋଡ଼ିଦେଇ
ପାଦ ଫେରିଆସିଛି
ପୁରୁଣା ଚିହ୍ନକୁ ।

ଯାହାକୁ
ଉଦ୍ଧାରକ ବୋଲି
ମନେ କରିଥିଲି
ସେ ଥିଲା ମୋ ହେତୁହୀନ
ଭାବନାର ନାରଙ୍ଗି ଆକାଶ ।

ଅନ୍ଧାରରେ
ଆକ୍ତାମାକ୍ତାହୋଇ
ଯାହାକୁ ଦିନ ଭାବି
ସମର୍ପି ଦେଇଥିଲି ମୋ
ବର୍ଗଫଳର ଭୂଖଣ୍ଡ,
ଏବେ ଜାଣୁଛି ସେଥିଲା
ଅନ୍ଧାରର ଛଦ୍ମବେଶ ଏକ,
ଯୋଉ ତିମିରେ କୁ
ସେଇ ତିମିରେ ।

ମୋର ଏ
ଶାପିତ ଉଡ଼ାଣ କ'ଣ
ଆୟୁଷର ଅନ୍ତିମ ସୋପାନ... ?
ନିଜ ସହ
କଳିଗୋଳ କରୁଥିବେ

ଲୁହର କାକର... ?
ଏ କ'ଣ ପୂର୍ବ ଆୟୋଜନ-
ମାନଙ୍କର କର୍ମଫଳ... ?
ଯାହା ସଂପୂର୍ଣ୍ଣ ନିର୍ଧାର୍ଯ୍ୟ... ?

କିଏ ଜାଣେ କ'ଣ ପାଇଁ
ଜଳିଉଠେ ବତୀ
ଲିଭିଯାଏ ଦୀପ ।

ମୁଁ ବୁଝେନା
ପୂର୍ବାପର ସଂଗତିର ଅଙ୍କ,
ଏବେ ପ୍ରତିପଳ ମୋ ଭିତରେ
ମୃତ୍ୟୁର ଆବାହନ,
ମୃତ୍ୟୁ ବି ଏଡ଼େ ନିଷ୍ଠୁର ଯେ
ମୋ ପ୍ରାଣର ପଣତରେ
ଆଙ୍କି ପାରୁନି ନୀଳଚୁମ୍ବନ ଦାଗ ॥

■

ନୀରବ ବିଦ୍ରୋହ

ମୋ ଭିତରେ ଏବେ
ନୀରବ ବିଦ୍ରୋହର ବହ୍ନି
ଫିଟେଇବାକୁ ଚାହୁଁଛି
ଗଣ୍ଠେଇଥିବା ଆଘାତ ମାନଙ୍କୁ ।

ଛାତି ଭିତରେ ଭିଷଣ ବର୍ଷା,
ତଥାପି, ମୁଁ ଜଳୁଛି, ଜଳୁଛି ମୋ
ଶରୀର ଭିତରେ ଥିବା
ଅଗଣିତ ଶରୀର ।

ମୁକୁଳିବାକୁ ଚାହୁଁଛି
ଅହଂଙ୍କାରର ଅହମିକାରୁ,
ଶୁଷ୍କ ସମ୍ଭାଷଣର
ଆଗ୍ନିକ ତର୍ପଣରୁ ।

ମୋର ବି ଅଧିକାର ଅଛି
ନୀଳ ଚୁମ୍ବନରେ,
ସମଭାଗୀତାର
ସମ୍ବେଦନଶୀଳତାରେ ।

କ'ଣ ମୋର ଦୋଷ... ?
ମୁଁ'କି ଗିଳି ଦେଇଛି
ଆଲୋକର ଡୃତ୍‌ପିଣ୍ଡ... ?
ସ୍ପନ୍ଦନର ସବୁଜ ଶିହରଣ... ?

ବହୁ ବର୍ଷ ପୂର୍ବରୁ
ଫୁଲଟିଏ ତ
ଫୁଟେଇସାରିଛି
ଅଙ୍ଗୀକାରର ଅଙ୍ଗୁଳିରେ,
ପତ୍ର ମଧ୍ୟ କଅଁଳି ସାରିଛି
ସମର୍ପଣର ମାଟିରେ ।

କ'ଣ ପାଇଁ ଏ କଷଣ... ?
ନାରୀ ମୁଁ'ଏହା ଯଦି
ମୋ ନିକୃଷ୍ଟତାର
ପରିଚୟହୁଏ...
ମୁଁ'ବିଦାୟ ମାଗୁଛି କେହି
ଟେକିଦିଅ ତଥାସ୍ତୁର ହସ୍ତ,
ସତ କହୁଛି ମୁଁ'ଚାଲିଯିବି
ମୋ ନିଃଶ୍ୱାସର
ପଦାତିକ ବିଶ୍ୱାସରୁ,
ଏକ ପ୍ରେମ ଶୂନ୍ୟ
କାୟାର ଛାୟାରୁ ।

ହଁ, ମୋ ଭିତରେ ଏବେ
ନୀରବ ବିଦ୍ରୋହର ବହ୍ନି,
ଅଥଚ, ମୁଁ'ଓକାଳି ପାରୁନି କି
ଢୋକି ପାରୁନି
ଅଘାତର ସୁଦୀର୍ଘ ବିବରଣୀ ।

କ'ଣ ପାଇଁ ଏଜୀବନ... ?
ଯିବିଯିବି ହୋଇ
ଅଟକି ଯାଉଛି
ଘାସ ଉପରେ ପଡ଼ିଥିବା
ବୁନ୍ଦାଏ କାକର ଆଖିରେ,
ପଥରକୁ ଜାବୋଡ଼ି ଧରିଛି
ପ୍ରାଣମୟ ବାକ୍ୟର
ଉଜ୍ଜ୍ୱଳ ଆହ୍ଲାଦ ଆଶରେ ।

ନାଃ...ଆଉ ନୁହଁ
ଅତିଶୟତାକୁ
ପାରେଇଗଲାଣି ଝଡ଼ର ଶିଖା,
ଏବେ ମାଟି ଫାଟିଯାଉ
ତା ଭିତରେ ସମେଇଯାଉ
ମୋ ଅବଗୁଣ୍ଠିତ ଯନ୍ତ୍ରଣା,
ଦୁନିଆଁ ନଦେଖୁ
ମୋ ସ୍ଥିତିର ପୃଥିବୀରୁ
ଅସଂଖ୍ୟ ପୃଥିବୀର କ୍ଷତ,
ଦୀପତଳ ଅନ୍ଧାରର
କ୍ଳାନ୍ତ ଉପବନ ॥

ମୁଁ କେବଳ

ନିଜକୁ ନିଜେ
ସଜେଇ ଦେଇଛି
ଅକ୍ଷରର ଅଳଙ୍କାରରେ,
ବାକ୍ୟ ମାନଙ୍କୁ ବି
ସଜେଇ ଦେଇଛି
ସରଳ ଢ଼ଙ୍ଗରେ,
ନିଜକୁ ନିଜେ ଛିଡ଼ା କରେଇଛି
ନିରାକୃତ ପବନ ପିଠିରେ ।

ସୁସ୍ଥ ଇଚ୍ଛା ମାନଙ୍କର ପଂକ୍ତିରେ
ଝୁଲେଇ ଦେଇଛି
ଭାବନାର ଶୀତଳ ଚାନ୍ଦୁଆ,
ହୃଦୟର ଅସଂଖ୍ୟ କ୍ଷତ ମାନଙ୍କୁ
ପ୍ରଣିପାତର ପଣତ ବିଛେଇ
ସ୍ୱାଗତ କରିଛି
ଯେଣୁ,
ସେମାନେ ମୋତେ ଦେଇଛନ୍ତି
ଭବ୍ୟ ପରିଚୟର ଉପଢ଼ୌକନ,
ବିବେକର ଖୁଣ୍ଟିରେ
ବାନ୍ଧି ଦେଇଛନ୍ତି ପ୍ରଜ୍ଞାର ପତାକା ।

ଏବେ, ବନ୍ଦ କରିଦେଇଛି
ଶ୍ରୁତିର ଗବାକ୍ଷ,

ମୁଁ ନିରାଗ୍ରହୀ ଶୁଣିବାକୁ
ଦୈତ୍ୟ ବାକ୍ୟ ମାନଙ୍କର
ଅମହତ ଉଦ୍ଦେଶ୍ୟ ।

ଏଠି ଅଭାବ ନାହିଁ
ପାଣିକୁ ଚିରିପାରୁଥିବା
ମଣିଷଙ୍କ ସଂଖ୍ୟା,
ପଥରକୁ ମହମ କରିପାରୁଥିବା
ପାରିବା ପଣିଆଁ ।

ପ୍ରାପ୍ତିର ମୁହାଁସକୁ
ବିସର୍ଜିବା ପରେ
ମୁଁ ନିଜ ସହିତ
ମିଳେଇପାରୁଛି ଆଖି,
ସେମାନଙ୍କୁ
ଫେରେଇଦେଇଛି
ଯେଉଁମାନେ ଦେଇଥିଲେ
'ଆହାଃ'...ର ଆହାର ।

କାହାକୁ ଦେଖେଇବାର ନାହିଁ
ମୋ ସବଳ ହସର ଓଜନ,
ଦବାର ନାହିଁ
ନିରୋଗ ଆଦରର କୈଫତ୍ ।

ଏବେ ମୁଁ
ଅପେକ୍ଷାର ନୁହଁ କି
ଉପେକ୍ଷାର,
ଚାତୁର୍ଯ୍ୟର ନୁହଁ କି
ତୀର୍ଯ୍ୟକର,
ମୁଁ କେବଳ ମୋର
ଏବଂ ମୋର ।। ■

ଶବ୍ଦସ୍ୱର୍ଗ

କେହି ଡ଼ାକୁଛି
ଶବ୍ଦର ସ୍ୱର୍ଗରୁ,
ଅସବଳ କ୍ରିୟାର
ନିରାପିତ ଆଗ୍ରହରେ,
ଯେଉଁ ଡ଼ାକ
କେବେହେଲେ ନଥାଏ
ଛବିର ଛାୟାରେ ।

ଠପ୍ ହୋଇଯାଇଛି
ଦୋଳାୟିତ ନୌକାର ସ୍ଥିତି,
କେହି ଶୋଷି ଚାଲିଛି
ସତେଜ କାରୁକାର୍ଯ୍ୟର
ଅନ୍ତର୍ମୟ ଜ୍ୟୋତି ।

ହୃଦୟର ବାରଣ୍ଡାରୁ
କେହି ଲିଭେଇ ଦେଇଛି
ହସର ମୂରୁଜ,
ସ୍ଥାପତ୍ୟର ସ୍ଥାପିତ ଉତ୍ସାହ ।

ଖୁବ୍ ଆକର୍ଷଣୀୟ ଲାଗୁଛି
ନିଆଁର ନୟନ,

କୂଳ ଉଛୁଳେଇ ଦେଇଛି
ପ୍ରାର୍ଥନାର ନଈ,
ଏକ ଦୀର୍ଘ କବିତାର
କିୟଦଂଶରେ
ଅସାଡ଼ ହୋଇ ପଡ଼ିଛି
ସଜୀବତାର ବିଥି,

ଜୀବନର ପ୍ରଥମ ପାଦହିଁ
ଶେଷ ପାଦର ଘର,
ଆଲୋକିତ କ୍ଷୁଧାର
ପ୍ରଥମ ପ୍ରହର,
ଓଠରେ ଧୂସର ପ୍ରତୀକ୍ଷାର ଗୀତ ।

କେହି ଦେଖିଛି କି
ପାପର ନର୍କ ?
ପୁଣ୍ୟର ପୁଷ୍ପମୟଯାନ... ?
ମିଥ୍ୟାର ବାହାରେ
ବ୍ୟାକରଣର ବ୍ୟଥିତ ହୃଦୟ
ବୁଝିପାରୁନି କାହାକୁ
ବସ୍ତ୍ର କହିବି
ଚର୍ମକୁ ନା ଚର୍ମକୁ ଢ଼ାଙ୍କି ରଖୁଥିବା
ବସ୍ତୁବାଦର
ଚିତ୍ରିତ ଅନ୍ଧକାରକୁ !

ଶବ୍ଦର ଏ ଡ଼ାକ
ମହାନିଦ୍ରାର ଆବାହନ ନା
ପୁଣି ଜଗେଇବାର
କୌତୁକୀୟ ଗାଥା.. ?
ହେ, ଶବ୍ଦବାହୀ ମରୁତ

କେଉଁ ଉଦ୍ଦେଶ୍ୟରେ
ନିହିତ ତମ ନିୟତ ଜିଜ୍ଞାସା...?
ଯାହା ହେଉଛି ହେଉ
କିନ୍ତୁ,
ମୋ ମୁଠିରେ ରହିଥାଉ
ଶିଶିର ପତନର ନୀରବତା ॥

ନିଜକୁ

ନିଜକୁ
ଛିଣ୍ଡେଇ ଚାଲିଛି
ନଗ୍ନ କରିଚାଲିଛି
ସ୍ୱପ୍ନଙ୍କର ସରଳ ସରଳାର୍ଥ,
ନିଆଁ ରଙ୍ଗର
ବାକ୍ୟ ମାନଙ୍କରେ
ଜାଳି ଚାଲିଛି ପତ୍ରଙ୍କର
କୈଶୋର ଆବେଗ,

ବର୍ଷାରେ ଭିଜୁନି କି
ଝଡ଼ରେ ଭାଙ୍ଗୁନି,
ସମୟର ହାତକୁ
ବଢ଼େଇ ଚାଲିଛି ଭୂଲୁଣ୍ଠିତ
ହେବାର ସମସ୍ତ
ସାଜ ସରଂଜାମ ।

ତା' ମନର ଛାୟାଙ୍କୁ
ବିବେକର କାୟାକୁ
ହାତ ବଢ଼େଇଲେ
ସାମୁକାପରି ଛିଟିକି ପଡୁଛି
ଅପାକଳ ସିଦ୍ଧିର ଚିତ୍କାର,

ଯେଉଁ ଶବ୍ଦରେ କି
ଗଛରୁ ଖସିପଡୁଛି
ଫୁଲଫଳର
ନିଭନ୍ତ ନିଃଶ୍ୱାସ ।

ଏଇ ଅପ୍ରତିକୂଳ କ୍ରିୟାରୁ
ଲିଭିଯାଉଛି
ଜହ୍ନରାତିର ପାକଳ ସଦିଚ୍ଛା ।

ମୁଁ'କେତେବେଳେ
ମୋ ନଶ୍ୱର ନଈରେ
ପହଁରୁଛି ତ କେତେବେଳେ
ଶୋଷି ନେଉଛି ପବନ ଦେହରୁ
ଝରିପଡୁଥିବା ରକ୍ତ,
କେତେବେଳେ
ଶୋଇଯାଉଛି
ଶବ୍ଦର ବେଦୀରେ ।

ବୋଧେ
ଏହିପରି ଧାରାରେ
କବିତା ଦେଖେଇଦିଏ
ଚାଲିବାର ରାସ୍ତା... ?
ନୀରବତା ସହ
କଥା ହେଲାବେଳେ
ଝଲ୍‌ସି ଉଠେ ଲେଖାହୋଇ
ନଥିବା ପୁସ୍ତକର ନାଁ, ।

ନିଜ ସହ ଆଳାପ
କରୁକରୁ ପହଂଚିଯାଏ

ପ୍ରଗଳ୍ଭତାର ଅରଣ୍ୟରେ,
ଛିଡ଼ା ହୁଏ ସେଇଠି
ଯୋଉଠି
ବୁଣିହୋଇ ପଡ଼ିଥାଏ
ପକ୍ଷୀମାନଙ୍କର
ସୌହାର୍ଦ୍ଦ ମୁଠାଏ,
ବାଦଲ ଚୁମା ଦେଉଥାଏ
ପର୍ବତର ଆଖି, ନାକ,
କାନ ଏବଂ ତାର
ଲୋମଶ ଛାତିକୁ ।

କୋଉ ନିଧାର୍ଯ୍ୟ ନିତିରେ
ଶୀତର ଲଟୀକୁ
କାଟିକାଟି ଚାଲିଥାଏ ସେ ?
କାହିଁକି ତାତିରେ
ତାତିକୁ ସଂଯୋଗୀ
ଭାଙ୍ଗିଦିଏ ଶାନ୍ତିର
କମନୀୟ କାନ୍ତି... ?
ଶୁଣିପାରେନା ନୀଳତାରାର
ଶ୍ୱେତାଭ ସଙ୍ଗୀତ... ?
ଦେଖିପାରେନା
ସପ୍ତର୍ଷିମଣ୍ଡଳଙ୍କର
ହସନ୍ତ ଆତିଥ୍ୟ... ? ॥

■

ବୋଝ

ଶିରରେ ରାତିର ବୋଝ,
ଛାତିରେ
ଦିକ୍‌ଦିକ୍ ଜଳୁଛି
ଶବ୍ଦଙ୍କ ଆକୁଳ ଅଭିପ୍ସା,
ଆତ୍ମାରେ
ଶହଶହ ରଙ୍ଗ ବିଚ୍ଛୁରଣ,
ମୋ ଆଖିମୟ ପାଣିରେ
ଖୁବ୍ କରୁଣ ଦିଶୁଛି
ପ୍ରକୃତିର ପୂର୍ଣ୍ଣ ଅବୟବ,

ସମୟର ଦରବାରରେ
ଖାରଜ ହୋଇଯାଇଛି
ମୋ ମୃତ୍ୟୁର ଆବେଦନ ପତ୍ର ।
ପିଠିରେ ନିରାନନ୍ଦର
ଶାପଗ୍ରସ୍ତ ବୋଝ,
କାଖରେ
କଙ୍କାଳର କଳସୀ ।
ଅନ୍ଧାରର
ଅହଂଙ୍କାରୀ ଚଦର ତଳେ
ମରି ପଡ଼ିଛି ହସର ଶରୀର,
ମନେହୁଏ

ମୁଁ ଦେହ ନୁହେଁ
ଲକ୍ଷ୍ୟଟିଏ ତା'ସଂକଳ୍ପର ।

ମୋ ଅନୁଭବର
ଡ଼ାଳରେ
ନିଆଁର ପକ୍ଷୀ ଓ ପକ୍ଷିଣୀ,
ଆପଣାର
ଆଗ୍ନିକ ପ୍ରଭାବରେ
ଅଧିକାର କରି ନେଇଛନ୍ତି
ମୋ ଇଚ୍ଛାର ସାମଗ୍ରିକ କୃତି ।

ପାଦ ଉଠେଇଲେ
ଭାଙ୍ଗିପଡ଼ିବାର ଭୟ,
ଛିଡ଼ା ରହିଲେ
ନିର୍ବାକ ହୋଇଯାଉଛି
ମାଂସର ଆଳାପ ।

ମୁଁ କ'ଣ ତା'ପାଇଁ
କାଠିକଣ୍ଢେଇର
ପ୍ରଗାଢ଼ ସୁଗନ୍ଧଏକ ?
ନା ନିଜକୁ ଚିହ୍ନିଁ ପାରୁନଥିବା
ଅସ୍ତବ୍ୟସ୍ତ ଲହର ଗୋଟିଏ ?

ମୋ ସ୍ଥିରାୟିତ
ଚେତନା ଭିତରକୁ
ବେଳେବେଳେ
ପଶିଆସେ
ତା'ପ୍ରେମର ଶିହଣ ପୁଣି
ଭାଙ୍ଗିବାର ହା...ହା..କାରମାନ ।

ବେଳେବେଳେ
ନିଜକୁ ଖୋଜେ
ଆଲୋକର ଅନ୍ତପୁରରେ,
ଅନ୍ଧାରର
ରୋଷେଇ ଶାଳରେ,
ନା କେଉଁଠି ନଥାଏ
ମୋ କ୍ଷୁଦ୍ରାତି କ୍ଷୁଦ୍ର ଅବସ୍ଥିତ୍ ।

ବୋଧେ, ପରମାୟୁର
ଶେଷ ରେଖାଯାଏଁ
ମୋତେ ଏମିତି
ଛିଡ଼ା ହେବାକୁ ହେବ ।

ଅଭିସ୍ଵାର
ଶୀତଶୀତ ସ୍ୱପ୍ନ ମାନଙ୍କୁ
ଘଉଡ଼େଇଦେଇ
ରୁଦ୍ଧ କରିବାର ଅଛି
ନିଶେଧର ଦ୍ୱାର,
ଏଇ ମୁହୂର୍ତ୍ତରେ
ମାରିଦେଉଛି
ତା ଇଚ୍ଛାପତ୍ରରେ
ମୋ ଛବିର ସ୍ୱାକ୍ଷର,
ଖୁସ୍ ତ...॥

ବିଷନ୍ନଜାହାଜ

ଦେବା ମଧ୍ୟରେ
କ'ଣ ନଦେଇଛ ଯେ...
ଲୁହରେ ଲୁଣ,
ହୃଦୟରେ ଧୂମ୍ରକୋହ,
ଜୀବନର ସମୁଦ୍ରରେ
ବିଷନ୍ନ ଜାହଜ,

ବ୍ୟଥାରେ କାତରିତ
ଦଶଟି ଆଙ୍ଗୁଳି,
ବିଷ ଗୋଳା ବାକ୍ୟ,
ନିଦ୍ରା ଶୂନ୍ୟ ରାତି,
ଶେଯରେ ରକ୍ତ ଶୋଷିକୀଟ,
ମୁଠାଏ ଭଲପାଇବାକୁ
ଟାଆଁସିଆ ମାଟି,
ସମୟକୁ ଶାଣଦିଆ ଛୁରୀ ।

ଦବା ମଧ୍ୟରେ
କ'ଣ ନଦେଇଛି ଯେ...
ବାରମ୍ବାର
ଡ଼େଙ୍ଗରୁ ଖସିପଡୁଥିବା
ପ୍ଲାଷ୍ଟିକର ହସ,
ପାଦତଳେ ନୌକାହୀନ ନଈ ।

ଫାଳେ ସୁଖର ଦିନ
ଯେବେଯେବେ
ସେହି ସୁଖର ଛାତିରେ
ଜାକି ଦେଇଛି ଶିର
ଠିକ୍ ସେତିକିବେଳେ
କାନ୍ଦି ଉଠିଛି ସେଇ
ବିଷନ୍ନ ଜାହାଜ,
ସେତିକି ବେଳେ କହିଛ "
ସୁଖକୁ ବିକି ଦେଲେ
ପରମାର୍ଥର ପଥରେ
ଜଳି ଉଠେ
ଧଳାଧଳା ଆଲୋକର
ନିରନ୍ନ ହୃଦୟ ।
ସହଜରେ ମିଳିଯାଏ
ଆରମ୍ଭର ଜାଗତିକ ମୂଳ,
ମୂଳ ଖୋଜିବାକୁ
ପାଦ ଉଠେଇଲେ
କାନ୍ଦି ଉଠିଛି ସେଇ
ବିଷନ୍ନ ଜାହାଜ ।

କେବଳ ଏକ
ପ୍ରୟୋଜନର ଅମୁହାଁ ଘରେ
କରପତ୍ର ଯୋଡ଼ି ଦଣ୍ଡାୟିତ
କରିଦେଇଛି
କାନ୍ଥରେ ଅଙ୍କା ହୋଇଥିବା
ଚିତ୍ରଙ୍କର ଆଳାପ ବିଳାପ ।

ଦୃଢ଼ ସ୍ୱରରେ
କାହାକୁ କହିପାରିନି

ମୋର ନାଁ ରହିବା କଥା
ସବୁଠୁ ଆଗରେ ।

ଦେଖ ମୁଁ'ସେମିତି ଅଛି
ଯେମିତି କହିଛ,
କିନ୍ତୁ, ଶେଷ କଥା ମୋର
ଗଲାବେଳେ ନେବିନାହିଁ
ଯା'ସବୁ ଦେଇଛ,
ମୋର ବୋଲି କ'ଣ ଯେ... ?
ସବୁତ ତମର,
ସେଇ ବିଷନ୍ନ ଯାହାଜଟି ବି ॥

ଆଶା

କେବେଠୁ
ଚିତ୍ରିତ ପ୍ରଜାପତିଟେ
ଉଡ଼ିଯାଇଛି
ମୋ ସ୍ୱପ୍ନର ବଗିଚାରୁ,
ଝର୍କା ସେପାଖରେ
ଛିଡ଼ା ହୋଇଛି ଆଶା,
ବୃକ୍ଷର ହିଲ୍ଲୋଳରୁ
ଝଡ଼ିପଡୁଛି
ଅଜଣା ଦେଶର ବାସ୍ନା ।

କିଏ ଏବଂ କାହିଁକି ଆଙ୍କିଦେଲା
ବିଚିତ୍ର ଚିତ୍ରର ପରମ୍ପରା,
ଦରମୁକୁଳା ଫୁଲର ଓଠରେ
ସତ ମିଛର ରହସ୍ୟମୟ ହସ,
ମୋ ଭିତରେ
ମୁଁ ନଥିବାର ପରାଭବ ।

ନିଦାଘର ପୁରୁଷଟି
କେତେବେଳେ ନା
କେତେବେଳେ ପଶି ଆସୁଛି
ମୋ ଅନିଚ୍ଛାର ଅଗଣାକୁ,

ଜଳି ଯାଉଛି ମୋ ପଂଚଭୂତର
ପ୍ରାମାଣିକ ତଥ୍ୟ ।

ପଦିଏ କଥାରେ
କେତେ ବିସ୍ତାରି ଯାଏ
କ୍ଷତର ଆକାର...
ଯେ ସଜେଇଦିଏ
ମୋ ଥିବାର ପରିଚୟ,
ସେହିଁ ପୁଣି ଜଳେଇଦିଏ
ମୋ ସାମର୍ଥର ଦୀପ,
ବନ୍ଦ କରିଦିଏ
ଆଲୋକର ଦ୍ୱାର ।

ଥରେ ଅଧେ ଝର୍କା
ସେପାଖର ପବନ କହେ- "
ବହୁତ ହୋଇଗଲା
ଟଣା ଓଟରାର ଖେଳ,
ଅହଂଙ୍କାରର ସନ୍ତୁଳିଲା ଗୁଣ,
କ୍ରୋଧର ଅଗ୍ନିମୟ ଦୃଶ୍ୟ,
ଏଥର ବାହାରିଆ
ବାମା ହେବାର କକ୍ଷଣରୁ,
କାୟାର ଗଦ୍ୟରୁ,
ଛାୟାର ଛନ୍ଦରୁ,
ଶବ୍ଦର ଆକର୍ଷଣରୁ,
ଭୟର ବାରୁଦ ସ୍ତୁପରୁ''

ମୋର ଅସହାୟତାର
କଥା କହିଲେ
ସେ'କ'ଣ ବୁଝେ...

ବେଳେବେଳେ ସେ ବି
ଘର୍ମାକ୍ତ ହୋଇଯାଏ
ନିଦାଘର ଆଗ୍ନିକ ଦୃଷ୍ଟିରେ,
ବିକଳାଙ୍ଗ ବିଚାରର
ଅଯୁଗ୍ମ ସଂଖ୍ୟରେ,
ମୁଁ"ବି
ଝର୍କା ପାଖରେ ବସିଥାଏ
ଶରତର ସୁସଂଯକ୍ତ
ସ୍ପର୍ଶ ଅପେକ୍ଷାରେ ॥

■

ନିଃଶବ୍ଦଆଳାପ

ଘରୁ ବାହାରିବା ପୂର୍ବରୁ
ପିନ୍ଧିନେଲି ନୂଆ ଶାଢ଼ୀ ଏକ,
ଯା'ର ଚଉଡ଼ା ଧଡ଼ିରେ
ନେସି ଯାଇଥିଲା
ଆଲୋକର ପଦାବଳୀ ମାନ,
ସୁନ୍ଥାଣୀରେ ଢ଼ାଳି ଦେଲି
ସୌଭାଗ୍ୟର ଫରୁଏ ସିନ୍ଦୁର,
ଗଳାରେ ଲମ୍ବେଇ ଦେଲି
ପୁଣ୍ୟର ଚନ୍ଦ୍ରହାର,
ହାତରେ ପିନ୍ଧିନେଲି
ନୀଳନୀଳ ଚୁଡ଼ିର ରୁଣ୍‌ଝୁଣ୍ ଶବ୍ଦ ।

ଦ୍ୱାର ପାରେଇଲା ବେଳେ
ପଛରୁ କେହି ଭିଡ଼ିଧରିଲା
ମୋ ଉଡ଼ାଣର ହାତ,
ଫେରି ଚାହିଁଲି
ଦେଖିଲି ଫାଳେ ହସ ଧରି
ଛିଡ଼ାହୋଇଛି ଅନ୍ଧାର,
ମୁଁ'କାଟିଦେଲି
ଭିଡ଼ିଲା ହାତର ମୋହ ।

ଆଗରେ ଆଲୋକର
ନିଃଶବ୍ଦ ଆହ୍ୱାନ,

ମୋର ସଜୀବତା
ମୋତେ ଶୁଣେଇଁ ଦେଲା-
"ତୁ ଆଉ ଆହାରର
ଭୋଗଥାଳି ନୁହଁ,
ବସ୍ତ୍ର ନୁହଁ କି
ଦୁଃଖର ମାଟିରେ
ଘୁରିହେଉଥିବା ଦୀର୍ଘଶ୍ୱାସ ।

ଏଥର ସ୍ୱଇଚ୍ଛାରେ
ଦେହରୁ ଉହ୍ଲେଇ ଦେଲି
ଦେହର ବସନ,
ନିଜକୁ ମଶାଣି କଲି,
କାଠ କଲି,
ଜଡ଼ର ଜଡ଼ତାକୁ
ଶୁଏଇଦେଇ
ଅଗ୍ନିହୋଇ ଜାଳି ଦେଲି
ସପନର ନିଦ ।

ଆପଣେଇଁ ନେଲି
ଓଜନ ବିହୀନ ଆକାରର
ବରଫାୟିତ ପରିଚୟ,
ଆଲୋକର ଇଙ୍ଗୀତକୁ
ଅନୁସରି ପହଂଚିଗଲି
ମୋ ଥିବାର ଓଁଙ୍କାର ଭୂମିରେ ।

ଚିରକାଳ ପାଇଁ
ମୂର୍ଚ୍ଛିଦେଲି ମୂର୍ଚ୍ଛନାର
କସ୍ତୁରୀ ମହକ,
ପଛରୁ ଶୁଭୁଥିଲା
ପ୍ରକୃତି ଓ ପୃଥିବୀର
ନିଃଶବ୍ଦ ଆଳାପ ॥ ■

ବୋଧେ

ତା'ବିବେକର ବସାରେ
ସଦାବେଳେ
ପକ୍ଷ ହଲଉଥାଏ
ଝଡ଼ର ଇଗଲ୍,
ବହୁବାର ତା'
କୋପିତ ଉଚ୍ଚାରଣ ଓ
ଆଚରଣକୁ ମନ୍ଥନ କରିଛି,
କୋଉଠୁ ବି ପାଇନି
ହୃଦୟବତାର ପରିଚୟ ।

ବୋଧେ, ମୋ ବିଧିରେ
ଲେଖା ଅଛି
ତା"ସାମୁଦ୍ରିକ ଲହଡ଼ିରେ
ଭାସିବାକୁ
ମୋ ଆବେଗର ଡ଼ୋଳା ।

ଶୁଣିଛି, ଶହଶହ ହୁଙ୍କାରର
"ମୁଁ''ସର୍ବେଶ୍ୱର ଆଧିପତ୍ୟ,
ପୌରୁଷାଚାରର ପାର୍ବଣ,
ମନ୍ଥନ କରିଛି
ତା"ର ଜୈବୀକ,

ବୈଷୟିକ ନିର୍ଦ୍ଦୟତାକୁ,
ଦେଖିଛି ଅନ୍ଧାରରୁ
ଆଉ ଏକ ଅନ୍ଧାରକୁ
ଲମ୍ଫ ମାରିବାର
ବହିର୍ଗତ ଆଚରଣକୁ ।

ସେ'ଦେଇପାରିବନି
ଯାହା ଦେଇନି ଏଯାଏ,
ମାନବିକତାର
ଗମ୍ଭିରୀ ବାହାରେ ତା
ବିଚାରର ଘର ।

ପ୍ରତ୍ୟେକ ମୁହୂର୍ତ୍ତରେ
ମୋ ନିଃଶ୍ୱାସରୁ
ଝରିପଡେ ସ୍ୱେଦ,
ବିଶ୍ୱାସରୁ ବହିପଡ଼େ ଲୁହ,
କିଛି ପାଇବିନି ଜାଣି ବି
ହାତକୁ ଫେରେଇ ପାରିନି
ତା' ଓଠ ନିକଟରୁ,
ଶୋଷକୁ ଫେରେଇ ପାରିନି
ସରାଗର ଅଭିଳାଷରୁ ।

ସେ'ଚିତ୍ର ନା ଚିତ୍ରକର ?
ରୂପ ନା ରୂପକାର ?
ପାପ ନା ଶାପ, ନା
ଚୋରା ବାଲିର ସଙ୍କଟ ?

ଏ ଅସହ୍ୟପଣରୁ
ବାହାରିବା ଲାଗି

ଅଂଜଳି ଟେକି
ଦେଇଛି ଆକାଶର ଦିଗକୁ,
ଅଥଚ ନିଦ ମାଡ଼ିଆସୁନି
ଦୀପର ଆଖିକୁ,
ବୋଧେ, ମୁଁ' ଏଯାଏ ଫେରିନି
ମୋ ନିଜ ପାଖକୁ ॥

∎

ଆପଣା

ଠିକ୍ ସରିବାର ବେଳେ
ରାତି ସହ ସଂଯୋଗୀ ଯାଉଛି
ଆଉ ଏକ ରାତି,
ଫାଟିଯାଉଛି
ମାଟିର ଶକ୍ତି ଓ ସାମର୍ଥ ।

ନିବେଦନ
ଟକ୍‌ଟକ୍ ହୋଇ ଫୁଟୁଛି
ସମୟର କରେଇରେ,
ଅନିଦ୍ରାରେ ବିତିଯାଉଛି
ପତ୍ରଙ୍କର ଅବନତ ଆଚରଣ ।

ନିଆଁ ଲାଗିଯାଉଛି
ପାଣିରେ, ପଣତରେ
ହୃତପିଣ୍ଡଟିଏ ଖୋଜୁଛି
ଅଙ୍କୁଶ ବିହୀନ ଗ୍ରହର ଠିକଣା,
ରକ୍ଷକର
ଭକ୍ଷକଗୁଣ ନିକଟରେ
ଚିପୁଡ଼ି ଯାଉଛି
ନୀଳ ଆରାଧନା,
ପ୍ରାଣଠାରୁ ପ୍ରାଣର ଦୂରତା

ଦେଖେଇ ଦେଇଛି
ଯୁଦ୍ଧର ବିଭୀଷିକା ।

କାଲି ରାତିରେ
ନିପତିତ ଉଲ୍‌କାଖଣ୍ଡଟି
ଆଜିର ରାତିରୁ ଖୋଜୁଛି
ବୃତ୍ତବନ୍ତ ହେବାର
ସ୍ୱର୍ଗୀୟ ଆଶିଷ ।

ବିଲୁପ୍ତ ହୋଇଯାଇଛି
ଶ୍ୟାମଳ ଆଳାପର
ମୋହମୟ ମୁଦ୍ରା,
ରାତିର ଅନିଦ୍ରିତ କ୍ଳାନ୍ତିକୁ
ପୋଛୁପୋଛୁ ଥକି ଗଲାଣି
ଫୁଲମାନଙ୍କର
ବିଚାର ବିବେଚନା ।

ଅସଂଗତି ସଂକ୍ରମି ଯାଉଛି
ସୁଭାବର ଶରୀର,
କିଆବୁଦାରେ ଘାଲେଇ ପଡ଼ିଛି
ସୁଖର ବନ୍ଧ୍ୟାତ୍ୱ ।
ନୈରୁତ ଦିଗରେ
କୋହକୁ ପିଇଯାଉଛି
ପବନର ପ୍ରେତାତ୍ମା ।

ଉତ୍‌କ୍ଷିପ୍ତର ଜୀବନ୍ତ ଜିହ୍ୱାରୁ
ଟପ୍‌କି ପଡୁଛି
ଶାନ୍ତିକୁ ଗିଳିବାର ଲୋଭ,
ଜୀବନର ତ୍ରାହିତ୍ରାହି ଚିତ୍କାର

ଭେଦିପାରୁନି
ଆକାଶର ନୀଳାଭ ହୃଦୟ ।

କାହାକୁ କହିପାରୁନି
ପ୍ରତିପଳ ମୋତେ ଦାହ କରୁଥିବା
ଲୋକଟି ମୋ
ନିଜଠୁ ବି ଅତି ଆପଣାର ॥

ଲଭା

ଏ କେଉଁପରି ଆଚରଣ... ?
କେଉଁ ବୈଶାଖ୍ୟର ବାକ୍ୟ ... ?
ଯୋଉଥିରେ
ଭଲପାଇବାର
ଅଣୁରୁ ଅଣୁଏ ଲାଗିନି ।

ସଙ୍କଳିତ ଉଚ୍ଛାମାନେ
କେବଳ
ଲାଭାର କଥା ହିଁ କହନ୍ତି,
ମୁଁ ଲହଡ଼ିଟେ ପରି
ମଥା ପିଟୁଥାଏ
ସାମାନ୍ୟ ଶ୍ରଦ୍ଧାର ଆଶାରେ ।
ମଧ୍ୟାହ୍ନର ତାତିକୁ ଧରି
ପ୍ରବେଶ କରେ ମୋ
ଜୀବନର ଘରେ ।

ମୋତେ ଜାଳେ
କାହାକୁ
ଦିଶୁନଥିବା ନିଆଁରେ,
ନଚାଏ ତର୍ଜନୀ ଅଗରେ,
ମୁଁ ଭାଙ୍ଗି ଯାଉଥିବି ପୁଣି

ଗଢ଼ି ହୋଇଯାଉଥିବି
ଆପଣାକୁ ସଙ୍ଖୁଳାପଣରେ,
ଅପ୍ରକଟିତ ବେଦନାରେ ।

କେବେକେବେ
ନିଜକୁ ଛିଡ଼ା କରୁଥିବି
ମୃତ୍ୟୁର ଦକ୍ଷିଣ ଝର୍କା ନିକଟରେ ।

ସେ' ଏମିତି କାହିଁକି ଯେ... ?
ଘର ଭିତରେ
ଝଡ଼କୁ ଧରି ବୁଲୁଥାଏ
ବିଶ୍ୱଜୟୀ ଯୋଦ୍ଧାପରି,
ଏମିତିରେ କି ଆକାଶର
ମଥାନିକୁ ଚୁମିଦେଇହୁଏ... ?।

ଉତ୍‌ପୀଡନ୍ ଓ
ଉଜ୍ଜୀବନର ମଝିରେ,
ପ୍ରବଳ ପ୍ରତାପର ଅଗଣାରେ,
ସେ'ପୋତୁଥାଏ
ଅଶାନ୍ତିର ବୀଜ,
ମୁଁ
ଭାସମାନ ଅବସ୍ଥାରେ ଥାଏ,
ଅର୍ଦ୍ଧମୃତ ପତ୍ରର ପିଠିରେ,
ସ୍ୱେଦ ରଙ୍ଗର
କବିତା ଲେଖୁଥାଏ
ଅନୁଭବର କାଗଜରେ ॥

■

ଲୁହରପରାଶ

ଗ୍ରୀଷ୍ମର ତାତିରେ
ବାଷ୍ପହୋଇଯାଉଛି
ପବନର ଶୀରାଳ ପ୍ରାର୍ଥନା,
ବାକ୍ୟର ଓଠରୁ
ଉଭେଇ ଯାଉଛି
ତରଳତାର ସ୍ପର୍ଶ ।

ସମତାର ଛାତିରେ
ଛିଡ଼ା ହୋଇଛି ଆତଙ୍କର ବାଘ,
ଭାଙ୍ଗିବାର ଶବ୍ଦରେ
ବୃକ୍ଷର ଡ଼ାହିରୁ
ଖସିପଡୁଛି ଛାଇର ଆଦର,

ରାତିର ଶେଯରେ
ଘାଲେଇ ପଡୁଛି
ସ୍ୱପ୍ନଙ୍କର ଛବିଳ ମହକ,
ଜୀବନ ଛିଡ଼ା ହୋଇଛି
ଜୀବନଠାରୁ
ଅନେକ ଦୂରରେ,
ବିଶ୍ୱାସମାନ ନିଃଶ୍ୱାସକୁ
ରୋଧି ଦେଇ
ଭାସୁଛନ୍ତି ସ୍ୱେଦର ସ୍ରୋତରେ ।

ସତରେ କ'ଣ
ଈଶ୍ୱର ଦିନେ ସ୍ୱଦେହରେ
ବାହାରି ଆସିବେ
ପଥରର ନିଥରତା ଭିତରୁ... ?,
ସମୟ ବଜଉଥିବ
ସରଳତାର ଶଙ୍ଖ... ?

ଶୋଇବା ପୂର୍ବରୁ
ଭାଙ୍ଗିଯାଉଥିବ ଅବେଳର ନିଦ... ?
ଆକାଶରେ ଚମକି
ଉଠିବ ନିଭନ୍ତ ନକ୍ଷତ୍ରଙ୍କ ହସ... ?
ଶୂନ୍ୟର ଓହଳରେ
ଓହଳି ପଡ଼ିବେ
ନିଦ୍ରାଭିଭୂତ ରାତି,
ତନ୍ଦ୍ରା ଭିଭୂତ ଦିନ... ?

ଅନ୍ଧାରର ବାଘ
ଆଡ଼େଇଯିବ ପ୍ରାରମ୍ଭର ପଥରୁ.. ?
ଶ୍ରଦ୍ଧାର ଆଲୋକଟେ
ଜଳି ଉଠିବ
ରାତି ପାହିବା ପୂର୍ବରୁ... ? ।

ମୁଁ'ପାଶୋରିଯିବି
ସମ୍ମୁଖ ଓ ପୃଷ୍ଠ ଦେଶର
ଆଘାତ ମାନଙ୍କୁ... ?
ଉପେକ୍ଷିତ ଅଳି ଅର୍ଦ୍ଧଳିମାନେ
ପୋଡ଼ିଦେବେ ପୁରୁଣା କଥାର
ଅଭିମାନ ମାନଙ୍କୁ... ?

କିଛି ନଦିଶିବା ଭିତରେ
ତା'ଙ୍କୁ ଦିଶିଯିବ
ମୋ ଲୁହ ପରାଶ...?
ସତରେ କ'ଣ
ଏମିତି ଦିନଟିଏ ଆସିବ...? ॥

ଦାମ୍ପତ୍ୟ

ନିଆଁର ଶିଖା, ଧୂଆଁର ବଳୟ
ଅସ୍ପଷ୍ଟ କରିଦିଏ
ବନ୍ଧନର ବର୍ଣ୍ଣିଳ ବିଭବ,
ଆଙ୍କି ପାରେନା
ନିକଟତାର ମଂଜୁଳ ଆକୃତି ।

ପୁରୁଷ ହେବାର ଅହଂଙ୍କର
ଓଠ ବୁଜି ଦେଇପାରେ
କିନ୍ତୁ, ଦୀର୍ଘ କରିଚାଲିଥାଏ
ନୀରବ ବିଦ୍ରୋହର ଧ୍ୱନି ।

ସହବନ୍ଧନ
ନିୟନ୍ତ୍ରିତ ବୁଝାମଣାର
ସମାନୁଭବତା ଏବଂ
ସମଗ୍ରାହୀତାର
ମଧୁର ଝଙ୍କର ।

ଅନିୟନ୍ତ୍ରିତ ଆସ୍ପର୍ଦ୍ଧା
ଯାତନାର କାହାଣୀ
ଲେଖିପାରେ ସିନା
ଶୁଣେଇ ପାରେନା
ନୀବିଡ଼ତାର ସବଳ ଗୁଂଜନ ।

ନାରୀର ପ୍ରତିଟି
ଲୁହବୁନ୍ଦାରେ
ଅଭିଶାପର ଶବ୍ଦ ଥାଏ
ଥାଏ ଦୟନୀୟତାର ଚିତ୍ର ।

ସହିଯିବା
ଏକ ଗୃହପାଳିତ
ପଶୁର ପରିଚୟ ଠୁ
ନିମ୍ନତର ।

ଆଦର
ଏକ ନିର୍ଦ୍ଦେଶର
ନିରାଦର ପରିଚୟ ନୁହଁ
ସନ୍ତୁଳିତ ଭାରସାମ୍ୟର
ବନ୍ଧୁତ୍ୱ ପଣିଆଁ ।

ନାରୀକୁ ଦାସୀ କି
କଣ୍ଢେଇ ମନେକଲେ
ପ୍ରତିନିୟତ ନାରୀଟିଏ
ଚାଲୁଥାଏ
ଆପଣାର ଶହଶହ
ଶବର ଛାତିରେ ।

ନାରୀ ମମତାର ପାରାବାର,
ଅନେକ ଆକାଶକୁ
କାନୀରେ ଗଣ୍ଠେଇ ନେଇପାରେ
ପଦିଏ ସ୍ନେହାକ୍ତ କଥାରେ ।

ହେଲେ, ପୁରୁଷ ଏତେ
କୃପଣ, ନିର୍ଦ୍ଦୟ କାହିଁକି ଯେ...
ଚୁଡ଼ିର ରୁଣ୍‌ଝୁଣ୍
ପାଉଁଜିର ଛମ୍‌ଛମ୍ ଶବ୍ଦ
ଯୁଗଳବନ୍ଦିର ରାଜିନାମାରେ
ମାନ, ଅଭିମାନ
ରହିବ ହିଁ ରହିବ,
କିନ୍ତୁ, ପାନରୁ ଚୂନ ଖସିଗଲେ
ସହସା ମାଡ଼ି ଆସିବ ଚକ୍ରବାତ
କିଏ ଭାବିବାର ସୂତାରେ
ଗୁନ୍ଥିପାରିବ
ଏପରି କଥାଟେ ?

ପୁରୁଷର ବିଚାରରେ
ଚାଲିଥାଏ ନାରୀର ଜୀବନ,
ସୁଖ ଦେଲେ ହସିଉଠେ
ଘରର କାନ୍ଥ, ଛାତ ଏବଂ
ଏରୁଣ୍ଡି କଳସ,
କ୍ରୋଧି ହେଲେ
କ'ଣ ହୁଏ
ଏଇଠୁ ନକହିବା ଭଲ ॥

■

ତୁମେହିଁ

ନୁଖୁରା ସକାଳ,
ଶୁଖିଲା ସଂଜ,
ଏମିତିରେଏମିତିରେ
ବିତିଗଲାଣି ଅନେକ ବର୍ଷ ।

ଦରଦ ବିହୀନ ଦରଜ,
ସ୍ୱପ୍ନଙ୍କର ଉଦାସୀ ଉଡ଼ାଣ,
ତଥାପି,
ଆଶାର ଗର୍ଭରୁ
ମରିଯାଇନି ଭ୍ରୃଣ,
ଅବଶ୍ୟ
ଲୁହ ଝରୁଛି କାୟାରୁ, ଛାୟାରୁ,
ଆଶାରୁ, ଭାଷାରୁ, ଶବ୍ଦର ଲୟରୁ,

ଏଇ ନୀରବତା
ପୁଣି କ'ଣ ମାଗିବସିବନି
ଭଲପାଇବାର
ମିଠାମିଠା ଛନ୍ଦାୟିତ ସ୍ପର୍ଶ ?

ମୋ ବିନ୍ୟାସରେ
ରୁଗ୍‌ଣ ନିଃଶ୍ୱାସଙ୍କର

ଅନ୍ତର୍ମୁଖୀ ହେବାର
ବିନିତ ଇଙ୍ଗୀତ,
ସପ୍ତମ ଋତୁର ଆତ୍ମାରେ
ବିଷର୍ଣ୍ଣତାର ବୈରାଗ୍ୟ ।

ହୃଦୟ କେତେବେଳେ
ସିକୁଡ଼ି ଯାଉଛି ତ
କେତେବେଳେ ମେଲି ଦେଉଛି
ଗୋଲାପି ପଣତ.
କାଗଜର ଆକାରରୁ
ବାହାରି ଯାଉଛି ଚିତ୍ରର ଭଙ୍ଗୀମା,
ବାଦଲ ଛିଣ୍ଡି ପଡୁଛି
ଯୋଉଠି ଅଙ୍କୁରି ଥିଲା
ପ୍ରଥମ ଆଳାପର ଆଭା ।

ସମୟ ପଛରେ
ମୋ କାୟାତୀତ ପାଦ,
ଆଗରେ ଧୈର୍ଯ୍ୟର ଅଣୁତ୍ୱ,
ଧିରେଧିରେ ମୁକୁଳି ଯାଉଛି
ମୋକ୍ଷର ଗବାକ୍ଷ,
ଯାହା ମୋ କାମ୍ୟର ଅନ୍ତିମ ଅକ୍ଷର ।

ବିମଳତାର ମନ୍ତ୍ର ଧ୍ୱନିକୁ
ମିଛ ମଣି ହେଉନି ବୋଲି
ସହି ହେଉନି
ସପ୍ତର୍ଷିମଣ୍ଡଳଙ୍କର
ନୀରବ ଆଚରଣ ।

ଯେତେ ପୋଛିଲେ ବି

ଲିଭୁନି ପ୍ରତ୍ୟାଶା ଓ
ଉତ୍କଣ୍ଠାର ଗାର,
ମୋ ଐହିକ ଉଚ୍ଚାରଣ
ଥିବାଯାଏ ତୁମେ ହିଁ
ଆଲୋକ ମୋର
ତୁମେ ହିଁ ଅନ୍ଧାର ॥

■

ନାରୀଜନ୍ମ(୧)

ଜନ୍ମିବାର ବୀଜଟିଏ
ପୋତିଲା ବେଳେ
ପଠିରେ କ'ଣ
ବୋହି ଆଣିଥାଏ
ଲହ ଲହୁର ବୋଝ... ?
ଯାତନାର ଅକ୍ଷୟ ଭଣ୍ଡାର... ?
ଦାସୀତ୍ୱର ସଂପଦ... ?
ମଧ୍ୟାନର ଖରାରେ
ସିଝିବାର ବେଦ... ?
ନିଜର ଆଶମାନଙ୍କୁ
ବଳି ହେବାର ପାଟଶାଢ଼ୀ ପିନ୍ଧି... ?
ନିର୍ବେଦ ପଥରପରି
ସହିବାର କଳାଟିଏ ନେଇ... ?
ବିଶ୍ୱେ ଦୁଃଖର ଅଳଙ୍କାର ପିନ୍ଧି... ?

ନାରୀଜନ୍ମ
କପାଳରେ କି ଲେଖି ଆଣିଥାଏ
ଅକଥିତ ଯାତନାର ପୁରାଣ... ?
ବିଷକୁ ଶୋଷିନେବାର
କଳାଟିଏ ନେଇ... ?
ଅପ୍ରକଟିତ ଯନ୍ତ୍ରଣାମାନଙ୍କୁ
ପାଳିବାର ସର୍ତ୍ତଟିଏ ନେଇ... ?

ନାରୀ ଜନ୍ମ
ବାଂଝ, କଳଙ୍କିନୀ, କୁଳଟା
କେତେକେତେ
ଆଖ୍ୟାୟିକାର ତାର,
ଭୋଗ,
ନର୍ଦ୍ଦମାର କୀଟଠୁ ଅଧିକ,
ତ୍ୟାଗ ସାଗରଠୁ ସୀମାତୀତ,
ସିଦ୍ଧହସ୍ତା ଦବାର ଦ୍ୱାର
ଖୋଲା ରଖିବାରେ ।

ଅନ୍ୟ ପାଇଁ ମମତାର
ଦୀପଟିଏ ଟେକିଧରି
ସାରାଆୟୁ ପହଁରୁଥାଏ
ରାତିର ନଈରେ,

ନବାର ପାତ୍ରରେ
ବଳିପଡ଼ିଥିବା ଉଚିଷ୍ଟକୁ ଭୁଂଜି
ଘୋଷିଥାଏ ସନ୍ତୁଷ୍ଟିର ପଦ,
ଲୁହର ଆଂଜୁଳାରେ
ଦେଖୁଥାଏ ଆପଣାର
ଅତ୍ମପରିଚୟ ।

ତାର ନିଜର ବୋଲି
କିଛି କ'ଣଥାଏ... ?
ଘରଦ୍ୱାର, ପଟା, ପାଉତି,
ମାନ, ଅଭିମାନ... ?

ସଂଭ୍ରମର ପ୍ରାର୍ଥନା ଥାଳିରେ
ସମସ୍ତଙ୍କୁ ଲୁଚେଇ
ନିଜପାଇଁ ପାଳିଥାଏ
ଏକ ମାତ୍ର ପାର୍ଥନାର ପଦ,
ତା ଶବର ସୁନ୍ଥାଣୀରେ
ଆପଣାର ମଣିଷଟି
ଅଜାଡ଼ିଦେଉ ଫରୁଏ ସିନ୍ଦୁର ।

ଅପଣାର ଇଚ୍ଛାକୁ
ପାତାଳି କରଣକରି
ଚାହିଁଥାଏ ଆହାଃ ପଦ ଏକ,
ସେତେକ ବି କ'ଣ ମିଳେ... !

ନାରୀଜନ୍ମ,
ଶାପିତ ସୃଷ୍ଟିର ପରାଧିନତାର
ଅଶ୍ଳୀଳ ଉପାଖ୍ୟାନ,
ଅନ୍ଧାରର ସହଚରୀ ସେ
ଆଲୋକ ତା'ର
କେବେହେଲେ ନୁହଁ ॥

■

ନାରୀଜନ୍ମ (୨)

କେତେ କଷ୍ଟ
ଲାଂଛନାର ପାଦ ମଂଚାଳିବା !
ଗୋପନ ରୋଦନର
ଓଠକୁ ଚାପିରଖିବା, ।
ଦୁଃଖାର୍ତ୍ତ ଉଚ୍ଚାରଣ ମାନଙ୍କୁ
ଶୂନ୍ୟ କରିଦେବା... ।

ଗୋଲାପି ରଙ୍ଗର
ଲିପ୍‌ଷ୍ଟିକ୍ ସେପାଖରେ
ହୃଦୟର ହା...ହାକାର ମାନଙ୍କୁ
ହସର ବେଶ ପିନ୍ଧେଇବା,
ପ୍ରତିଟି ଲୋମକୂପରୁ
ଜ୍ୱଳନର ଚିତ୍କାର ମାନଙ୍କୁ
ଦିଗ୍‌ବଳୟର ଦିଶା ଦେଖାଇବା... ।

ଭାଗ୍ୟର ପିଠିରେ ବସି
ଆପଣାକୁ ଆପେ ପ୍ରବୋଧିବା,
ଅପ୍ରାପ୍ତିର ସାରାଂଶରେ
ଧୈର୍ଯ୍ୟର ବୀଜକୁ
ରୋପଣ କରିବା,
ସଂଭ୍ରମତାର ବେଦୀରେ
ନିଜକୁ ସ୍ଥାପିତ କରିବା...।

ନାରୀଜନ୍ମ
ସୁଖର କିୟଦଂଶରେ
ପକ୍ଷନଥିବା ପକ୍ଷିଣୀପରି
ରକ୍ତମୟ ଗୀତ ।

ପ୍ରହାରଠୁ ଖୁବ୍ ବେଶୀ
ବାକ୍ୟର ସୁତୀକ୍ଷ୍ଣ ପ୍ରହାର,
ତାର ନିଭୃତ ଆର୍ତ୍ତିରେ
ରାତିର ଆଖିରୁ ବି
ଝରିପଡ଼େ ରକ୍ତମୟ ଲୁହ,
ମନ୍ଥିଯାଏ ଧାରିଣୀର ଗର୍ଭ ।

କେବେକେବେ
କ୍ଷଣିକର କ୍ଷଣୀକାଏ
ଆଦରରୁ ଝଲସି ଉଠେ
ଶୀରାଳ ସ୍ୱପ୍ନଙ୍କର
ବୌଦ୍ଧିକ ପରିଚୟ,
ଦିଶିଯାଏ ନୀଳ ନଭର
ନିଳାମ୍ବରୀ ପାଟ ।

ଉପାର୍ଜ୍ଜନର
ଆୟୁଧ ନଥିଲେ
ଅନୁଗ୍ରହର ଭିକାରୁଣୀ ସେ'
ପରୁଷର ପଦରଜ ମଧ୍ୟ ।

ନାରୀଜନ୍ମ
ତପସ୍ୟାର ଲକ୍ଷ୍ୟଭ୍ରଷ୍ଟ ଶାସ୍ତି,
ଅନ୍ଧାରକୁ ଆଲୋକର
ବସନ ପିନ୍ଧେଇ

ଆଜୀବନ ଚାଲଥାଏ
ସୁଖର ଛଦ୍ମବେଶ ପିନ୍ଧି ।

ଏବେବି
କୋଉଠି ନା କୋଉଠି
ନାରୀଟିଏ
ପୌରୁଷୀୟ ଅହଂଙ୍କାରର
କାରାଗାରରେ
ଜଳୁଛିଜଳୁଛି ॥

ନାରୀଜନ୍ମ (୩)

ବୋଧେ ପାପର ପଶ୍ଚାତାପ,
ପୂର୍ବ ଜନ୍ମମାନଙ୍କର
ଋଣର ଶୋଷଣ,
ଲକ୍ଷ୍ୟଚ୍ୟୁତ ଉଲ୍‌କାର
ନିମ୍ନମୁଖୀ ଗତି,
ଅସମ୍ଭବର ଭୂଖଣ୍ଡରେ
ସମ୍ଭବିବାର ଏକ
ଭୁଲ ପଦାବଳୀ ।

ନାରୀଜନ୍ମ,
ହୋଇପାରେ ଈଶ୍ୱରଙ୍କ
ପରୀକ୍ଷାଗାରର
ତ୍ରୁଟିପୂର୍ଣ୍ଣ ମିଶ୍ରଣର ଫଳ, ଅବା
ଜନ୍ମିବାର ଦୁର୍ବାର ଇଚ୍ଛାର
ବିଷର୍ଣ୍ଣ ସ୍ୱାକ୍ଷର,
ଅନ୍ଧାରୀ ଲଗ୍ନରେ
ଭୂମିଶ୍ରାୟୀ ହେବାର
ବିବର୍ଣ୍ଣ ପରାଭବ ଅବା
ଅସମାହିତ ପ୍ରଶ୍ନମାନଙ୍କର
ବିଭତ୍ସ ଲାଞ୍ଛିତ ଆତିଥ୍ୟ ।

ଅଗ୍ନିର ଆକର୍ଷଣକୁ
ଛିନ୍ନ ନକରିପାରିବାର
ରୂପାୟନ ଏକ,
ସମସ୍ତଙ୍କ ଇଚ୍ଛାର
ପ୍ରତିଧ୍ୱନିହୋଇ
ଭୁଲକୁ ପ୍ରାଶ୍ଚିତ
କରିବାର ପରିଚୟ ।

ସମସ୍ତଙ୍କୁ ଗଢ଼ିଦିଏ
ସେମାନଙ୍କ ସ୍ୱପ୍ନର ମୀନାର,
ମରିଯାଇଥିବା
ଭିକ୍ଷାର ବାକ୍ୟମାନଙ୍କ
ଶବଦାହ କରେ
ଏକାଏକା
କେବଳ ଏକାଏକା ।

ନାରୀଜନ୍ମ
ବୋଧେ ମୋକ୍ଷ ମୁଖୀ
ଉଡ଼ାଣର
ଅନ୍ତିମ ସୋପାନ,
ଲୁପ୍ତିର ବିଲୁପ୍ତ ପ୍ରହର,
ଯାହାବି ହେଉ
ହେ ଈଶ୍ୱର
ନାରୀଜନ୍ମୁ
ମୋତେ ଉଦ୍ଧାରଉଦ୍ଧାର ॥

ପ୍ରିୟତମ

ଆଜି ଫେରିଯାଇଥିଲି
ପଛକୁ ଅନେକ ପଛକୁ
ସେଇଠିକୁ ଯୋଉଠି
ପବନକୁ ଭରାଦେଇ
ଛିଡ଼ା ହୋଇଥିଲା
ମୋ ପ୍ରଥମ ଅନୁଭବ ।

ଯୋଉଠି ବହିଯାଉଥିଲା
ଆମ ଭଲପାଇବାର
ଅନୁରାଗୀ ନଈ,
ମୋ ଉଲ୍ଲାସର
ଶବ୍ଦମୟ ସମର୍ପଣ,
ସେଇ ଛାଇଛାଇ ସନ୍ଧ୍ୟାର
ମିଳନରାଗର
ଟିପେ ସ୍ପର୍ଶ,
ଆଖିକୁ ଆଖି
ମିଶେଇ ନପରିବାର
ଅନେକ ରଙ୍ଗରେ ଭରା
ନୀରବତାର ମହାର୍ଘ ମୁହୂର୍ତ୍ତ ।

ହେ ମୋର ପ୍ରିୟ ପ୍ରିୟତମ !
ଦେଖଦେଖ
ମୁଁ କେମିତି ଛିଡ଼ାହୋଇଛି
ସେଇ ମନ୍ଦିର ବେଢ଼ାରେ,
ଧୂପ, ଦୀପ, ଘିଅର
ଅମୃତ ବାସ୍ନାରେ,
ତମେ ଛିଡ଼ା ହୋଇଛ
ଛୋଟ ବସା ବାନ୍ଧିବାର
ସ୍ୱପ୍ନର ଛାତିରେ ।

ଦେଖ ! ଏଠି ଆମ
ଭଲପାଇବାର ଚିହ୍ନ ଅଛି,
ଅଛି ଗୋଲାପି
ବୟସର ଋତୁ ଏକ,
ଏବେବି ଖୁବ୍ ଉଜ୍ଜ୍ୱଳ
ଅନୁଭବର ଚଟାଣ ।

ଏଠି ନପୁଂସକ
ଅହଙ୍କାରର ପାପ ନାହିଁ,
ନାହିଁ କ୍ଳିବ ଗର୍ବର
ବିଜୟି ଅଟ୍ଟହାସ୍ୟ,
ନିର୍ଦ୍ଦେଶର ବିୟୋଗାତ୍ମକର
ରୁକ୍ଷ ସମାବେଶ ।

ଏଠି ଯୋଡ଼ିହେବାର
ସରସର ଦୁଇଟି ହୃଦୟ ।
ସେଠି ଯାହା ଘଟି ଯାଇଛି
ତାହା ଏକ ପ୍ରବାହ
ସମୟର, ନିୟତିର ।

ତମେ ଏଠିକୁ ନଆସିଲେ ନାହିଁ
ସେଇଠି ଥାଇ ଦେଖ
ତମ ହୃଦୟ ଆକାଶରେ
କେମିତି ଉଡ଼ି ବୁଲୁଛି
ଲାଲ୍ ରଂଗର ପକ୍ଷୀ,
ଯା'ର ଚଂଚୁରୁ ଖସିପଡୁଛି
ପ୍ରତିଶ୍ରୁତିମାନେ ବାଦଲ-
ହୋଇଯାଇଥିବାର ପ୍ରମାଣ ।

ଛାଡ଼ ...
ଏବେ ମୁଁ ଯାଉଛି ତମ ପାଖକୁ
ଅନୁରୋଧ ! ତମେ
ଶୀତଳ ଋତୁଟେ ହୋଇଯାଅ ॥

ପୃଥିବୀ

ସହସ୍ରସହସ୍ର ବାର
ସେ ଆକର୍ଷିଛି,
ତା ପଂଚମ ବେଦର ଧ୍ୱନି
ଭାଙ୍ଗିଦେଇଛି ମୋ ନିରାହାରୀ
ନିଦ୍ରାର ତପସ୍ୟା,
ବାଷ୍ପିଭୂତ କରିଛି
ମୋ ଅକଳ୍ପ ଆୟତନର
ଶ୍ୱେତାଭ ପରିଚୟ,
ମୋ ଦୁଗ୍ଧାଭ ଦ୍ୟୁତିର ପଲକ ।

ଅଥୟ ହୋଇଯାଇଛି
ଅବରୋହଣର ପଥ,
ମୁଁ ଉହ୍ଲେଇ ଆସିଛି
ଇଥରର ପାହ୍ଲଚ ପରେ ପାହ୍ଲଚ ।

ଯୋଉ ସଂଗମ ସ୍ଥଳିରେ
ଜଳି ଉଠିଛି ମୋ ଇଚ୍ଛାର ଦୀପ
ସେଇଠି ରୋପି ଦେଇଛି
ମୋ ରୂପାୟନର ବୀଜ,
ଅନ୍ଧାରର କାରାଗାରରେ
ବାରବାର ବଦଳି ଚାଲିଛି

ଦଶାବତାରର ଯୁଗ,
ମାଟି ଫାଟିଛି ଏବଂ
ଚାରିଭାଗ ହୋଇଯାଇଛି
ଜୀବନର ପର୍ବ ।

ଆମର ଭେଟିବାର
ପ୍ରତିଶ୍ରୁତିଥାଏ ବୋଲି
ଶହସ୍ରବାର ଭେଟହେଉଛି
ଫଗୁଣର ଉଦ୍ୟାନରେ,
ପ୍ରଣୟର ପଲ୍ଲବୀତ
ସମାରୋହରେ ।

ହେଲେ,
ତମେ ମୋତେ ଚିହ୍ନୁଛ ନା
ମୁଁ"ତମକୁ... ?
ଏଜନ୍ମରେ ଧରାଶାୟି
କାହାଣିଟିଏ କିଏ ସେ ଲେଖିଲା... ?
ଦୁଃଖର କଳାଫୁଲ
କାହିଁକି ଗଳାର ହାର ହୋଇଗଲା... ?
ନା !...ଆଉ ଭଳିବାର ନାହିଁ
ମାଟିର ମାୟାବୀ ସ୍ୱନରେ
ଗଢ଼ିବାର ନାହିଁ ମେଦର ପିତୁଳୀ,
ଖେଳିବାର ନାହିଁ
କାୟାପ୍ରକରଣ ।
ହେ...ପୃଥିବୀ !
ତମକୁ ମୋ ଚିର ବିଦାୟୀ ପ୍ରଣାମ ॥

■

ଆ କବିତା ଆ -(୧)

ଆ କବିତା ଆ !
ଆଜି ତୁ ମୁଁ ହେଇଯା
ମୁଁ ତୁ ହୋଇଯାଏଁ,

ଦୁହେଁ ଆଉ ଭୁଂଜିବାନି
ଦୟାର ଉଚିଷ୍ଟ,
ଖୋଜିବାନି
ଦୁରାତୀତ ଛାୟାରୁ
ଆପଣା ହୃଦୟ,
ତୁ ପାଶେରିଯିବୁ
ଆପଣାର ଛନ୍ଦ,
ମୁଁ ମୋଭିତରୁ ଉଡ଼େଇଦେବି
ପାଳିତ ଦୁଃଖର ବାର୍ଦ୍ଧକ୍ୟ ।

ଆ କବିତା ଆ
ପ୍ରତିଧ୍ୱନିହୋଇ
ନିଜକୁ ଗଢ଼ିବା ପୁଣି
ନିଜକୁ ଭାଙ୍ଗିବା
ଅପ୍ରକଟିତ ବେଦନା ମାନଙ୍କୁ
ନଦୀ କରି ସେ ନଦୀରେ
ନିଜେ ନୌକା ହୋଇଯିବା,
ନୀଳ ଅଭିପ୍ସା ମାନଙ୍କୁ କବର ଦେଇ

ପ୍ରଥମ ସହ ଶେଷପୃଷ୍ଠାକୁ
ମିଶେଇଦେଇ କେବଳ
ପୁସ୍ତକର ଶୀର୍ଷକକୁ
ଦର୍ପଣର ଚକ୍ଷୁ ଦେଖାଇବା ।

କାଳପର୍ଦ୍ଦାର ଅନ୍ତରାଳରେ
ସୁଖର ଶଙ୍ଖା, ଚୁଡ଼ି ପିନ୍ଧି
ପୁରୁଣା ଶୋଷଙ୍କ ଅଙ୍ଗରୁ
ଅଳନ୍ଧୁ ଝାଡ଼ିବା,
ପର୍ଦ୍ଦା ଉଠିବା ପୂର୍ବରୁ ମଂଚରେ
ମିଛର ସୁନେଲି ହସ କିଛି ବୁଣି
ଅନ୍ତର୍ଦ୍ଧାନର ପଦ ସ୍ମରଣିବା ।

ଏହାପରେ ତୋର ମୋର
ଏକତ୍ରିତତାର ନିଆଁ
ଜଳିବା ଆଗରୁ
ସମାପିକାର ବନ୍ଦନା ଗାଇବା,
ଆକାଶର ରସଭର
ଅଧିର ଅଧରରେ
ଶ୍ରଦ୍ଧାଜଂଳି ଦେବା,
ଲାଲ୍‌ପଦ୍ମର କୋରକରେ ପଶି
ମୃତ୍ୟୁର ନିଃଶ୍ୱାସ ଗଣିବା,
ଅନଶ୍ୱରତାର ପୁଲକରେ
ସମର୍ପଣର ଶଙ୍ଖ ବଜେଇବା ।

ଆ କବିତା ଆ !
ଲିଭେଇଦେବା
ତୁ, ମୁଁ, ର ପ୍ରଭେଦ,
ନଷ୍ଟ ଚୁମ୍ବନର ଦାଗ,
ଆ କବିତା ଆ ॥ ■

ଆ'କବିତା ଆ(୨)

ଆ'କବିତା ଆ !
ଆଜି ତୁ, ମୁଁ
ଏକ ହୋଇଯିବା,
ଅତୀତ, ଭବିଷ୍ୟତ ଓ
ବର୍ତ୍ତମାନକୁ ଏକତ୍ର କରି
ସ୍ୱାର୍ଥପରତାର
କାୟାକୁ ଖୋଜିବା,
ସମୟର
ଚଳନ୍ତି ସିଂହାସନରେ ବସି
ବିଶ୍ୱାସର ନିଃଶ୍ୱାସ ଖୋଜିବା ।

ଉର୍ଦ୍ଧପତନର କ୍ରିୟା,
ସଂକୀର୍ଣ୍ଣ ଭାବନା ମାନଙ୍କୁ
ତୃତୀୟ ନେତ୍ର ଖୋଲିବାର
ଯୌଗିକ ମାର୍ଗ ଦେଖାଇବା,
ସମୟର ଅଙ୍ଗରୁ
ସଂଶୟ, ଅପଯଶର
ଧୂଆଁ ପୋଛି ଦେବା ।

ପାତାଳାଶ୍ରୟୀ ଲୁହମାନେ
ଧ୍ୱଂସର ଅ-ଆ ଶିଖିବା ପୂର୍ବରୁ

ସେମାନଙ୍କୁ ଶିଖେଇଦେବା
କ୍ଷମାର ମହାନତା ।

ଏବେ ନିଭୃତ ତମ
ସ୍ନେହ ସବୁକୁ
ଦେଖେଇ ଦେବା
ନୀଳ ଉପତ୍ୟାକାର
ସୁଗନ୍ଧିତ ଦିଗ,
ଐକତାନର ଗିଟାର
ବଜେଇ ଭାଙ୍ଗିଦେବା
ଈଶ୍ୱରଙ୍କ ନିଦ ।

ଆମ ଭାବପ୍ରବଣ
ବାକ୍ୟ ମାନଙ୍କୁ
ଝୁଲେଇ ଦେବା
ବାୟୁମଣ୍ଡଳର
ସ୍ନେହାକ୍ତ ଗଳାରେ,
ଅପହୃତ ଇଚ୍ଛାମାନଙ୍କର
ସାତ୍ତ୍ୱିକ ବିଳାପକୁ
ଶୁଏଇ ଦେବା
ମାଟିର ସଲପରେ ।

ଅପେକ୍ଷାରତ ଉଦ୍‌ବେଗ,
ଆବେଗ ମାନଙ୍କୁ
ହଳଦୀରଙ୍ଗର
ବସନ ପିନ୍ଧେଇ
ଧରେଇ ଦେବା
ବର୍ଣ୍ଣମାଳା ନଥିବା କବିତା ।

ଆ କବିତା ଆ !
ଆଜି ଦୁହେଁ ଏକ ହୋଇ
ଖୋଜିବା କୁରୁକ୍ଷେତ୍ରରେ
ପଡ଼ିରହିଥିବା
ସେଇ ଶେଷ ହସଟିକୁ,
ଖୁବ୍ ସନ୍ତର୍ପଣରେ
ଖୋଜିବା
ଜୟ ପରାଜୟର ଭାବାର୍ଥ,
ପ୍ରକୃତିର କଣ୍ଠରେ
କେତେ ତୃପ୍ତି ଅଛି
ଅଛି କେତେ ବିଷ ॥

■

ଜାଗରଣର ଯଜ୍ଞଦୀପ

ନିହିତର ପଦ୍ମ ପାଖୁଡ଼ାରେ
ପରିଚୟର ପାଦ ଚିହ୍ନ,
ଏକ ଚିତ୍ରମୟ ଅନୁଭବରେ
କ୍ଷଣିକାର କ୍ଷଣିକ ଆନନ୍ଦ,
ଜାଗରଣର ଯଜ୍ଞଦୀପରେ
ଜଳିବାର ଅଛି
ଇଚ୍ଛାର ଉଦ୍ଦେଶ୍ୟ ।

ଖୋଲିଯିବ ମେଘର ଦୁଆର,
ପଦ୍ମ ପାଖୁଡ଼ାରୁ ଲିଭିଯିବ
ଚିହ୍ନର ଯୌବନ,
ସମୟର ଶୂନ୍ୟ ସ୍ଥାନରେ
ଜଳିଉଠିବ ଆଉ ଏକ ଦୀପ,
ଦେହରେ ଜଡ଼େଇଯିବ
ତାରାର ଚମକ ।

ଅବୋଧ ପ୍ରଶ୍ନମାନେ
ଧୂଳିରେ ଗଡ଼ିବେ,
ଧୂଆଁର ହସରେ ପୁଣି
ପ୍ରକୃତିର ମମତାରୁ
ଝରି ଆସୁଥିବା ଜଳଧାରକୁ

ଶୋଷର ନାମାଙ୍କନରେ
ନାମିତ କରିବେ ।
ଦିନେ ଆଉ
ଦିନର ଆଖିକୁ ଦିଶିବନି
ନିଷ୍ପାପ ଲୁହଙ୍କର
ପଡ଼ିଉଠି ଧାଇଁବାର ଖେଳ ।

ଛାଇର ସ୍ୱାଧୀନତାକୁ
ଅଙ୍କାତଥାଏ
ଭୋକର ଶିହରଣରେ
କେମିତି ଗଢ଼ି ହୋଇଯାଏ
ଛଳଛଳ କାହାଣୀର ଘର ।

ବାତ୍ସଲ୍ୟର ଦିଅଦିଅ ସ୍ୱର,
ଯୌବନରେ ଖୋଜିବାର
ତ୍ରିବେଣୀ ସଂଗମ,
ପୌଢ଼ତ୍ୱରେ
କିଛି ଭୁଲି ହେଉନଥିବା
ବର୍ଣ୍ଣମାଳାର ଛାପ,
ସୂର୍ଯ୍ୟାସ୍ତର ନିର୍ବଳ ତନ୍ତୀରେ
ମାଗିବାର ସଂଜୁଆ ଅନ୍ଧାର ।
ଦବାର ଗ୍ରନ୍ଥିରେ
ଗଜୁରୁଥାଏ ନବାର ପ୍ରଣୟ ।

କଥାର ଥାକରେ
ସଜାହୋଇଥାଏ ଖରାର ଧାର,
ଶୀତର ଗଣ୍ଠିଲା ଆଦର,
ନିଦର ପଲକରେ
ଘୁଙ୍ଗୁଡ଼ି ମାରୁଥାଏ

ସଙ୍ଘର୍ଷର କ୍ଳାନ୍ତି,
ଧିରେଧିରେ ଝାପ୍‌ସା ଦିଶେ
କର୍ମ, ଅକର୍ମର କାଳ ନିରବଧି ।

ସମସ୍ତଙ୍କ ଅଜ୍ଞାତ ସାରରେ
ଆରମ୍ଭ ହୋଇଯାଏ
ଜାଗରଣର ଯଜ୍ଞ,
ଶେଷ ମନ୍ତ୍ରରେ
ଲିଭିଯାଏ ଯଜ୍ଞର ଅନଳ ॥

■

ଦୂରରେ

ଦୂରରେ
ଖୁବ୍ ଦୂରରେ
ଲୁହମାନେ ନୃତ୍ୟ କରୁଛନ୍ତି
ଆନନ୍ଦ ମୁଦ୍ରାରେ,
ନିର୍ବାଣର ମହାସଭାରେ ।

ଛନ୍ଦ କ୍ରମଶଃ
ବରଫ ହୋଇଯାଉଛି,
ଆଶ୍ଳେଷି ନେବାର ଆନନ୍ଦ
ଛିଡ଼ା ହୋଇଛି
ଦୃଶ୍ୟାଭିନୟର
ଅନ୍ତିମ ଦ୍ୱାରରେ ।

ଦୂରରେ
ଖୁବ୍ ଦୂରରେ
ଆହତ ଶବ୍ଦମାନ
ପାଲଟି ଯାଉଛନ୍ତି
ବରଫର ଗୀତ,
ପର୍ବତର ତପସ୍ୟା
ସ୍ଥିର ଅବିଚଳ ।

ଛବିଟିଏ
ବାରମ୍ବାର ଯାଉଛି ଏବଂ
ଫେରିଆସୁଛି
ଏକାନ୍ତରର ବାହୁ ବନ୍ଧନକୁ ।

ଦୂରରେ
ଖୁବ୍ ଦୂରରେ
ମାୟାମାନେ
ଅଭିମାନର ଅଳତା ପିନ୍ଧି
ବସିଛନ୍ତି ତାପର ବକ୍ଷରେ,
ସ୍ୱର୍ଗରୁ ଖସିପଡୁଛି
ଆଶୀର୍ବାଦର ଉଦ୍‌ଭାସ,
ସଯତ୍ନରେ
ପରଶି ଦେଉଛି
ଭୋକର ବ୍ୟଞ୍ଜନ ।

ସିନ୍ଦୁରୀ ଅଭିଳାଷର
ମହୋତ୍ସବରେ
ଏକ ହୋଇଯାଉଛି
ବିଭାଗର ଭାବ ।

ଦୂରରେ
ଖୁବ୍ ଦୂରରେ
ଭାବର
ଆଦାନ ପ୍ରଦାନ ହେଉଛି
ନିସର୍ଗ ସର୍ତ୍ତରେ,
ନିଦରୁ ଉଭେଇଯାଉଛି
ସଂଗ୍ରାମର ସ୍ୱର,
ସୂର୍ଯ୍ୟ ଘୋଡ଼ି ହୋଇପଡ଼ିଛି

ଶୀତର କମ୍ବଳ,
ପକ୍ଷୀମାନେ
ପାଲଟି ଯାଉଛନ୍ତି
ବରଫର ହସ,
ବରଫ ହୋଇଯାଉଛି
ତୁଳୀର ଆଗ୍ରହ ।

ଦୂରରେ
ଖୁବ୍ ଦୂରରେ
ଦୂରତାଠୁ
ଦୂରେଇ ଯାଉଛି
ଗନ୍ଧ ଓ ସୁଗନ୍ଧ,
ନିକଟରରେ
ଖୁବ୍ ନିକଟରେ
କେହିଜଣେ ଜଳୁଛି
ଅନୁତାପର ଅନଳରେ,
ତ୍ରାସର ତ୍ରାସରେ ॥

ଅୟମାରମ୍ଭ

ଏକ ଅୟମାରମ୍ଭ
ସେ ପାଖରେ ଥାଏ
ବୁଢ଼ିଆଣୀ ଜାଲ,
ଫାଳେ ହସର ପାଖୁଡ଼ା,
ବହୁବେଶି ଲୁଣର
ଲୁଣିଲୁଣି ବାସ୍ନା,
ନିଆଁପରି ବାକ୍ୟର
ଯାନ୍ତବୀୟ କ୍ଷୁଧା ।

ଅଶିଣି ରତୁର
ସଂଜୁଆ ଛାତିରେ
ଗୁମୁରୁଥାଏ
ଲିଭନ୍ତା ଦୀପର କୋହ,
ରାତିର ବାର୍ଦ୍ଧକ୍ୟ କପାଳରେ
ନିଶ୍ଚଳ ଭାବରେ
ଠିଆ ହୋଇଥାଏ
ପଦ୍ୟରୁ ଗଦ୍ୟ
ହୋଇଯାଇଥିବା
ଅସହାୟ ଶବ୍ଦ ।

ସ୍ୱପ୍ନମାନେ ନୃତ୍ୟ କରୁଥାନ୍ତି

ମୃତ ନିଃଶ୍ୱାସ ପିଠିରେ,
ଅୟମାରମ୍ଭର ପାଦ
ଉଠି ସାରିଥାଏ
ଅନ୍ୟ ଏକ ଅୟମାରମ୍ଭର
ସମ୍ପାଦିତ ଖରାର ପିଠିକୁ ।

କିଏ ?କାହିଁକି ?
କ'ଣ ପାଇଁର ପ୍ରଶ୍ନମାନେ
ଅପେକ୍ଷାରେ ଥାନ୍ତି
ପତ୍ରଟିଏ ପାପୁଲି ହେବାର
ଦୃଶ୍ୟ ଦେଖିବାକୁ ।

ଖୁବ୍ ଦୂରରେ
ନର୍ଦ୍ଦମାକଡ଼ରେ
ପଡ଼ିଥାଏ ଭୋକର
ଜୁଳୁଜୁଳୁ ଆଖି,
ଇଚ୍ଛାମାନେ
ଚାହିଁ ରହିଥାନ୍ତି
ପୁଣି ଏକ ଅୟମାରମ୍ଭର
ଦୃଶ୍ୟ ଦେଖିବାକୁ ।

ସମୟ ପାଟିରୁ
ଗଳି ପଡୁଥାଏ
ଗୋଟେ ପରେ ଗୋଟେ
ଶୋଷର ସୁରେଇ,
ଭାଙ୍ଗିଯାଉଥାଏ
ତନ୍ମୟତାର ତୁଳୀ,
ଚିରି ଯାଉଥାଏ
ମନ୍ମୟତାର ତନ୍ତ୍ର,

ନିରାଶାର ଚେରରୁ
କୁଆଁ କାଢ଼େ
ନିଃସ୍ୱ ଭବିଷ୍ୟତ୍ ।

ମଶାଣିରେ ଜଳୁଥାଏ
ହତ ଭାଗ୍ୟର ବିଦ୍ରୋହ,
ଦିନ ଚୋବେଇ ଚାଲିଥାଏ
ତା'ର ଅବାକ୍ ପଣକୁ,
ବଂଚିତ ବିଦ୍ରୋହମାନେ
ଖୋଜୁଥାନ୍ତି
ଅୟମାରମ୍ଭର
ରଚନାକାରୀଙ୍କୁ ॥

■

ଜୀବନପର୍ବ

କେଜାଣି କେଉଁ
ଯନ୍ତ୍ରଣାର ରାସ୍ତା
ଡ଼ାକି ଆଣିଥିଲା
ଦଗ୍ଧିଭୂତ ସମୟର
କୋପିତ ମୁହୂର୍ତ୍ତ.
ପବନନର ବତୁରା ଛାତିରୁ
ଭିଜାଭିଜା ଦୀର୍ଘଶ୍ୱାସ ମାନଙ୍କୁ ।

ଭଙ୍ଗାଭଙ୍ଗା ଅନ୍ଧାର ଭିତରୁ
ଶୁଭିଯାଉଛି
ନୀରବ ଶୋକର ଗୀତ,
ଆତ୍ମଘାତୀ ହେବାର ଇଚ୍ଛାରେ
ଦିନର ଛାତିରୁ ଲିଭିଯାଉଛି ସୂର୍ଯ୍ୟ ।

ପବନ ହାତରେ
ମୃତ ପକ୍ଷୀର ଲୁହ,
ଭଙ୍ଗା ଦର୍ପଣର ଝଙ୍କାର ପରି
କିଛି ଗୋଟେ
ଭାଙ୍ଗିଯାଉଥିବାର ଶବ୍ଦ
ସେ'ଶବ୍ଦ କାହାର ?
ତମର ନା ମୋର ? ।

ଆକାଶର ଛିଣ୍ଡାକନ୍ଥାରେ
ଶୋଇଯାଇଛି
ନୈଶ ଅଭିସାର,
ବିକଟ ଅନ୍ଧାର ଓ
ନକ୍ଷତ୍ରଙ୍କ ଲୁହ ମଝିରେ
ବସିବାର ସ୍ଥାନଟିଏ ନାହିଁ ।

ଜହ୍ନକୁ ଗିଳିବାର ଆଶାରେ
ଯୋଉମାନେ
ପ୍ରତୀକ୍ଷାରେ ଥିଲେ
ସେମାନଙ୍କର
ଖସିପଡ଼ିଲାଣି ଦାନ୍ତ,
କେବଳ ମାନଚିତ୍ରରେ
ରହିଯାଇଛି ପ୍ରକୃତିର ହସ ।

ଅବିଶ୍ୱସ୍ତ ଭଙ୍ଗୀରେ
ଛିଡ଼ାହୋଇଛି ପବନ,
ଗୋପନ ସୁଡ଼ଙ୍ଗରୁ
ଢେ଼ଇଁପଡୁଛି ଦୁଷ୍କର୍ମ,
ଗନ୍ତବ୍ୟର ପାଦ କ୍ରମଶଃ
ଧିମେଇ ଯାଉଛି
ସଭିଏଁ ସନ୍ତ୍ରସ୍ତ
କିଏ ପ୍ରକାଶ୍ୟରେ ତ
କିଏ ଅପ୍ରକାଶ୍ୟ ।

ଦିଗନ୍ତର ଅଫିସ୍‌ରେ ବସି
କେହି କାଟିଚାଲିଛି
ମୃତ୍ୟୁର ଟିକଟ,
ବୀଜ କିନ୍ତୁ

ଜାଗି ରହିଛି ରକ୍ତରେ,
ନିଦ୍ରାରେ, ତନ୍ଦ୍ରାରେ, ସ୍ୱପ୍ନରେ,
ଫୁଲରେ, ଫଳରେ, ଭୂମିରେ ।

ପ୍ରାଣ ପରିତ୍ରାଣର
ମାର୍ଗ ଅଣ୍ଡାଳୁଛି,
ମନରେ ତାଲା ପକେଇ
ହଜେଇ ଦେଇଛି ଚାବିକାଠି,
ଭଙ୍ଗା ଶିଡ଼ିରେ
ଚଢ଼ିବାର ଚେଷ୍ଟା କରୁଛି,
ଛୁଇଁବାର ପ୍ରୟାସ କରୁଛି
ବାଦଲର ବକ୍ଷ ।

କିନ୍ତୁ, ଆମେ
ଛାଡ଼ିବାକୁ ରାଜି ନୁହଁ
ନିଃଶ୍ୱାସକୁ, ବିଶ୍ୱାସକୁ, ଆତଙ୍କକୁ,
ଜୀବନ୍ତତାକୁ,
କେତକୀର ସୁବାସକୁ ।

ମଣିଷ କିପରି ଭୁଲିଯାଉଛି
ଗହଗହ ନିଆଁର ରାସ୍ତାରେ
ଚାଲିବାର ପର୍ବ... ?
ଦିଗନ୍ତର ଅଫିସ୍‌ରେ ବସି
କେହି ଜଣେ କାଟି ଚାଲିଛି
ମୃତ୍ୟୁର ଟିକଟ ॥

ମହାମାରୀ

ନିଆଁ ଏବଂ ଧୂଆଁର ବଳୟରୁ,
ଅଭାବର ନଷ୍ଟ ସ୍ୱଭାବରୁ,
ଆତ୍ମସ୍ୱାର୍ଥୀର ଘନ ଅନ୍ଧକାରରୁ,
ନିଖୋଜ ହୋଇ ଯାଇଛି
ବିବେକର ଆଲୋକିତ ପରିଚୟ ।

କଂଚା ଭୋକ,
ପାକଳ ଶୋଷରେ
ଅଦୃଶ୍ୟ ମହାମାରୀ
ଲଭେଇ ଦେଇଛି
ଅର୍ଚ୍ଚନାର ଦୀପ,
ପ୍ରାଣରୁ ଶୋଷି ନେଇଛି
ସ୍ୱାଧୀନତାର ବିହଙ୍ଗୀୟ ବାକ୍ୟ,
ଭୂତାଣୁର
ଭିନ୍ନଭିନ୍ନ ଲହର
ଗଢ଼ି ଦେଉଛି
ଅସହାୟତାର ଲଣ୍ଡିତ ପର୍ବତ ।

ଲୁହ ଲୁହ ନହୋଇ
ହେଇଯାଇଛି ରକ୍ତମୟ ପଥ,
ଅମ୍ଳଜାନର ଅଭାବି ବଜାରରେ

ସ୍ଥାଣୁ ପାଲଟି ଯାଇଛି
ବିଭବର ଅଂହଙ୍କାର,
ଶବ ମାନେ
ଶୃଙ୍ଖଳିତ ଧାଡ଼ି ହୋଇ
କାଟି ଚାଲିଛନ୍ତି ଯୂଇର ଟିକଟ ।

ସ୍ରଷ୍ଟା ଓ ସୃଷ୍ଟି ମଧ୍ୟରେ
ମାଇଲ୍‌ମାଇଲ୍
ଦୂରତାର ଦୀର୍ଘଶ୍ୱାସ,
ଏକାପରି ଦିଶୁଛି
ଚିତା ତଥା ଚିତ୍ତର ଶରୀର,
ଭରା କଳସୀରେ
ପରିପୂର୍ଣ୍ଣ ପାଉଁଶମାନ
ପ୍ରତୀକ୍ଷାରେ ଅଛନ୍ତି
କେବେ ନଈର ଛାତିରେ
ଲେଖିବେ ପାଣିର କବିତା ।

କବରରେ ଶୋଇ ଯାଇଛି
ସମଗ୍ରହୀତାର ଅନ୍ତରଂଗ ସ୍ପର୍ଶ,
ନବାର ଡ଼େଣା ମେଲେଇ
ଉଡୁଛି ପବନର ପକ୍ଷୀ,
ଆଖି ବୁଜିଗଲେ ବି
ନିଦପରି ନିଦଟେ ଲେଉଟି ଯାଉଛି ।

ରାତି ପାହିଲେ
ଘର ଭିତରକୁ ପଶିଆସୁଛି
ଆଉ ଏକ ରାତି,
ମଶାଣିର ପିଣ୍ଡବ୍ରହ୍ମାଣ୍ଡରେ

ତାତି ଉପରେ ତାତି,
ତାର ଆଉ ଶୁଣିବାକୁ ଡର ନାହିଁ
ଶୀତଳିକରଣର କର୍ମକାଣ୍ଡ ।

ନଦୀରେ, ସମୁଦ୍ରରେ
ଶବଙ୍କର ଭାସମାନ ଭେଳା,
ଲୁହର ଅଙ୍ଗରେ
ଅସହାୟତାର ମୋହର,
''ଆଖି ନାହିଁ, କାନ ନାହିଁ
ବାଜିଗଲେ ଦୋଷ ନାହିଁ''
ମଳୟର ପଡ଼ିଆରେ ଚକାଭଉଁରି-
ଖେଳୁଛି କରୋନାର ରାଣୀ ।

ଶୀତର ଶୀତଶୀତ ଗୀତରୁ ବି
ଝରିପଡୁଛି ବେଦନାର ସ୍ୱେଦ,
ନୀରବ କୋଳାହଳରୁ ଶୁଭଉଛି
ଅତୃପ୍ତର ନିଃଶବ୍ଦ ପାଦ ଶବ୍ଦ,
ସମୟ ଲେଖି ଚାଲିଛି
ମୃତ୍ୟୁର ପୁରାଣ,
ନିର୍ବେଦର ବେଦ ।

ଆମେ ବୋଧେ
ପ୍ରକୃତିକୁ ଦେଇଚାଲିଛୁ
ଋଣର କରଜ,
କରିଚାଲିଛୁ
ଭୁଲର ପ୍ରାୟଶ୍ଚିତ ॥

ମଶାଣି

ତା'ଛାତିର ଚରାଭୂଇଁରେ
ଚେଇଁ ରହିଥାଏ
ଅନେକ ରାତିର ନିଦ,
ନିଆଁ ଭୁଂଜେ, ଧୂଆଁ ଢ଼ୋକେ
ସହିନିଏ
କଳାକଳା ଲୁହର ଅଦଉତି ।

ସର୍ବଦା ମେଲେଇ ରଖିଥାଏ
ପ୍ରଶସ୍ତ ଛାତି, ବିରହ, ବିଚ୍ଛେଦ,
ଦହନର ଶିଖାକୁ ଶିଖେଇଥାଏ
ସହନର ମନ୍ତ୍ର ।

ଜୀବନ୍ତତାର ଆଖିରେ
ଭୟର ଭୈରବ ସିଏ,
ମୃତ ଓଠର ନିରାପଦ ଗୀତ,
ଜଳିଗଲା ଶ୍ୟାମଳତାକୁ
ଦେଇଥାଏ
ଶିଶିରାକ୍ତ ସ୍ନେହ ।

ନିଜକୁ ଯଜ୍ଞକୁଣ୍ଡର
ପରିଧାନ ପିନ୍ଧେଇ
କପାଳରେ ବୋଳିଦିଏ
ଜ୍ୱାଳାର ବିଭୂତି,
ମହାନତାର ମହମହ ବାସ୍ନାରେ
ପଂଚଭୂତକୁ
ଫେରେଇଦିଏ
ଆପଣା ସଂପତ୍ତି ।

ଆଟିକା ଭାଙ୍ଗିବାର
ଶେଷ ଶୋଷକୁ
କୋଳେଇ ନେଇ
ମହାଶୂନ୍ୟକୁ ବଢ଼େଇଦିଏ
ପରିପୂର୍ଣ୍ଣ କଳସୀର ଦ୍ୟୁତି ।

ମଶାଣି,
ମିଛର ସହରରେ
ସତକୁ ସ୍ୱୀକାରି ପାରୁଥିବା
ମହୁ ଗୋଳା ତିଥୀ,
ଜଡ଼ସହ ଜଡ଼ହୋଇ
ଜାଳିପାରେ
ନିଜ ଶ୍ରଦ୍ଧାର ଅଜଂଳି ।

ଯୁଗ ଆରମ୍ଭରୁ ତା
ଅଙ୍ଗରେ ଅନୁକୋଟୀ
ନିର୍ବେଦର ମୁକ୍ତି ହୁଳହୁଳି,
ପଲକରେ ସଦାବେଳେ
ନୃତ୍ୟ କରୁଥାଏ
ଆହ୍ୱାନର ଅଭିଷିକ୍ତ ଶବ୍ଦ,

ଦରଦର ସଂଯୁକ୍ତ ଅକ୍ଷର,
ଶବକୁ ଦେଇଥାଏ
ଶିବଙ୍କ ଭୂଷଣ ।

ମଶାଣି ଓ ମଣିଷ
ଚରାଭୂଇଁର ଚାହାଣୀ,
ନିଆଁର ଅନ୍ତିମ କାହାଣୀ,
ପବିତ୍ରତାର ଶୁଦ୍ଧ ତପଭୂମି ॥

ମଶାଣିକ୍ଳାନ୍ତି

ଅଦେଖା ପାଦ ଶବ୍ଦରେ
ଯେବେ, ଭାଙ୍ଗିଯାଏ
ନଈର ନିଦ,
ଦେହର ଡ଼େମ୍ଫରୁ ଯେବେ
ଖସିପଡ଼େ ନିଃଶ୍ୱାର ଫୁଲ,
ମଝିରେ ଛିଡ଼ାହୋଇଯାଏ
ସମୟର ବଦଳିଲା ରୂପ ।

ପାତଳ ହୋଇଯାଏ
ଭାତ ହାଣ୍ଡିର ବାମ୍ଫ,
ମିଛ ଲୁହମାନେ
ଖୁସିର ବାଗୁଡ଼ି ଖେଳିଲା ବେଳେ
ସତ ଲୁହର ରାହାରେ
ଚଉକାଡିମାରି ବସିଯାଏ
କ୍ଳାନ୍ତିର ବାର୍ଦ୍ଧକ୍ୟ ।

ଲୁହମାନେ
ଗଙ୍ଗାସ୍ନାନ କଲାବେଳେ
ପାଣିରୁ ଉତୁରି ଉଠେ
ସମଗ୍ରାହୀ ସ୍ୱର,
ଭାବ ଅଭାବର ପଂକ୍ତିରେ
ଛିଡ଼ା ହୋଇଯାଏ
ମୁକ୍ତିର ଉଲ୍ଲାସ ।

ଶୂନ୍ୟପତ୍ରରୁ
ଶ୍ୱେତରଙ୍ଗର ଶ୍ରଦ୍ଧାଟି
ଆଘ୍ରାଣୁଥାଏ
ବିକର୍ଷଣର ଆଚମନ,
ନିଆଁ ଗିଳା ମାଶାଣୀରେ
ଉଡୁଥାଏ ଅରୂପ ବିହଙ୍ଗ,
ଟହଲୁଥାଏ ଶ୍ମଶାନ ରକ୍ଷକ ।

ଲୁହମାନେ
ପାଣିହୋଇ ଉଡ଼ିଯା'ନ୍ତି
ଆମକୁ ମିଛ ଲାଗୁଥିବା
ସତର ଦିଗରେ,
ପବନ ବି ପଘା ଛିଣ୍ଡେଇ
ବସିଯାଏ ବୃକ୍ଷର ଅଗରେ,
ସ୍ଥିର ହୋଇଯାଏ
ଗଣାକାରର ଡ଼ୋଳା,
ଖୋଲିଯାଏ ମାୟାର ଦରଜା ।

ମରିଗଲା ଚେରରୁ
ନୂଆ କୁଆଁ ମାନ ସ୍ୱୀକାରି ନିଅନ୍ତି
ଜୀବନର ଅଙ୍ଗୀକାର,
ଏବଂ ଆଜୀବନ
ଖୋଜୁଥାନ୍ତି ସଙ୍ଗମର ମାନେ,
ଏଇ ଖୋଜିବା ମଧ୍ୟରେ
ଚାହୁଁଚାହୁଁ
ଦେହର ଡ଼େଙ୍ଗରୁ ଖସିପଡ଼େ
ନିଃଶ୍ୱାସର ଫୁଲ,
ଜନ୍ମ ଓ ମୃତ୍ୟୁ ମଝିରେ
ତଫାତ୍ ମାତ୍ର
ଗୋଟିଏ ପାହୁଣ୍ଡ ॥ ■

ବର୍ତ୍ତମାନ

ଲୁହର ଅସଂଖ୍ୟ ନଈ,
ବେଦନାର ଅସଂଖ୍ୟ ହୃଦୟ,
ଆଶଙ୍କାର ଆଖିମାନ
ଓହଳି ପଡ଼ିଛନ୍ତି
ପବନର ଓହଳରେ ।

ଅନ୍ଧାରରେ ବାଟ ଚାଲିବାର
ଅଭ୍ୟାସ ଥିଲେ ବି
ବାରମ୍ବାର ଝୁଂଟିପଡୁଛି ରାତି,
ଉପୁଡ଼ି ଯାଉଛି ନଖ,
ସ୍ୱପ୍ନମାନ ଭାସିଯାଉଛନ୍ତି
ରକ୍ତର ସ୍ରୋତରେ,
ରକ୍ତକୁ ଶୋଷିପାରୁନି
ରାତିର ଓଠ ।

ଖରାଖିଆ ପିଠିରେ
ଭୋକର ଭାର,
ସମୟ ବିସ୍ତାରି ଚାଲିଛି
ଶବର ସହର,
ପଲ୍ଲବୀ ଯାଉଛି
ଅନାଥର ଅନାବିଳ ହସ ।
ଦିନର କପାଳରେ

ଅବସନ୍ନତାର ସ୍ୱେଦ,
ଖରାକୁ ଢ଼େଇଁଢ଼େଇଁ
ଝିଅଟିଏ
ଦୌଡୁଛି ଯେ ଦୌଡୁଛି...
ଭୂଇଁକୁ କାମୁଡ଼ି ଧରିଛି ବାପ...
ଦିଶୁନି, ପାଣିର ରଂଗ,
ଶୋଷର ମାନବୀୟ ପାଦ ଚିହ୍ନ ।

ନିଦର ଛାତିରୁ
କେହି କାଢ଼ି ନେଇଛି
ନିର୍ବିଘ୍ନତାର କବଚ, କୁଣ୍ଡଳ...
ସଂପର୍କର ଅଙ୍ଗରୁ ଖସିପଡୁଛି
ଆତ୍ମୀୟତାର ବସ୍ତ୍ର,
ଲିଭିଯାଇଛି ସୀମା,
ସରହଦ୍‌ର ବିଭେଦର ଚିହ୍ନ,
ଏକାପରି ଦିଶୁଛି
ଦେଶ ଓ ବିଦେଶ,
ଏକାପରି ଦିଶୁଛି
ବର୍ତ୍ତମାନ,
ଅବର୍ତ୍ତମାନ ଏବଂ ଭବିଷ୍ୟତ୍ ।

ଝିଅଟିଏ ଖରାକୁ
ଢ଼େଇଁଢ଼େଇଁ
ଦୌଡୁଛି ଯେ ଦୌଡୁଛି...
ମାଟିକୁ କାମୁଡ଼ି ଧରିଛି ବାପ,
ଅନାଥ ଶିଶୁର ଓଠରେ
ପଲ୍ଲବୀ ଉଠୁଛି ଅନାବି ହସ ॥

ମହାତ୍ରାସ

ଏବେ ପ୍ରକୃତିର
କଙ୍କାଳସାର ଶରୀରରେ
ଶହେ ଚାରି ଉତାପ,
ବାଦଲର କପାଳରେ
କୃପଣତାର ଚିହ୍ନ,
ସାତ ଚିରା
ହୋଇଯାଇଛି ଦିନର ବସନ,
ସ୍ୱପ୍ନ ଶୂନ୍ୟ ରାତିର ନୟନ,
ଖୁବ୍ ବିବର୍ଣ୍ଣ ଦିଶୁଛି
ସରଳ ଇଚ୍ଛାଙ୍କର ମୁଖ,
ସମୟର ଅବଶହାତ ଆଉ
ଲେଖିପାରୁନି ରସସିକ୍ତ କବିତା,
ଗଳ୍ପ, ଉପନ୍ୟାସ ।

ଅନୁତାପ
ଗୋଡ଼ ଲମ୍ୱେଇ ବସିଛି
ପଥରର ଶିଉଳି ଉପରେ,
ସୁବିଚାରମାନ
ଶୁଦ୍ଧସ୍ନାନ କରୁଛନ୍ତି
ଆପଣା ଲୁହରେ ।

ଚେରରୁ ମରିଯାଇଛି ସୋହାଗ,
କିଏ ସେ ରଚିଚାଲିଛି
ମହାତ୍ରାସର ରାସ... ?
କାଲିର ଲିଖିତ ପ୍ରତିଶ୍ରୁତିରୁ
ଆଜି ଝଡ଼ିପଡୁଛି ପକ୍ଷୀର ପର,
ବନ୍ଦ ହୋଯାଇଛି
ସଂପର୍କର କବାଟ ।

ଛନ୍ଦରୁ ବାହାରି ଯାଇଛି
କଅଁଳ କିରଣର ସ୍ପନ୍ଦନ,
ଲୟରୁ ସ୍ନିଗ୍ଧ ଅଳଙ୍କାର,
କିଏ ରଚି ଚାଲିଛି
ମହାତ୍ରାସର ରାସ... ?

ବାକ୍ୟରୁ ଚିପୁଡ଼ି ଯାଇଛି
ଆନ୍ତରିକତାର ରସ,
ସବୁଜ ସଦ୍‌ଭାବ,
ଶୁଖିଲା ପତ୍ରର ପିଠିରେ
କେହି ଲେଖିଚାଲିଛି
ଭୋକର ଇତିହାସ ।

ସମସ୍ୟାର ବୋଝକୁ ବୋହେଇ
ମଠେଇମଠେଇ ଚାଲିଛି
ପ୍ରକାଶର ପାଦ,
ଭାଙ୍ଗିପଡୁଛି
ପୋତାଶ୍ରୟର ବିଶ୍ୱାସ,
ଆକାଶରୁ ଝରିପଡୁଛି
ଲୋହିତ ଅସନ୍ତୋଷ,

ତ୍ରିକାଳର ସନ୍ଧିରେ
ଛନ୍ଦି ଯାଇଛି ମାହେନ୍ଦ୍ର ମୁହୂର୍ତ୍ତ ।

ତୁମେ ଢ଼େଇଁ ଚାଲିଛ
ମୋ କାୟାର ଅବସୋସ,
ମୁଁ ଅଣ୍ଡାଳି ଚାଲିଛି
ପ୍ରାପ୍ତିର କଳସ,
କେହି କହିପାରିବ କି
କିଏ ସେ ରଚିଚାଲିଛି
ମହାତ୍ରାସର ରାସ ॥

■

ପ୍ରତୀକ୍ଷାର ପାଦ

ଆଲୋକର ଆଖି
ଫିଟିଲା ମାତ୍ରକେ
ଏକ
ଜଟିଳ ଗଣିତର ନଈତୁଠକୁ
ଉହ୍ଲେଇ ସାରିଥାଏ
ଆସକ୍ତିର ପାଦ ।

ଦେବା ନେବାର ହିସାବ ଚାଲେ
ପାଣିର ଚଟାଣରେ,
ନଈର ନିଃଶ୍ୱାସରେ,
ସମୟ ମାପି ଚାଲିଥାଏ
ଅଳସୀ ରାତିର କରଭୂସନ୍ଧିରୁ
ଭୋକର ଉତ୍ତାପ ।

ଭୋର ପକ୍ଷୀର କାକଳିରେ
ଭାଙ୍ଗିଯାଏ ଆଲିଙ୍ଗନର ନିଦ,
ସନ୍ଧାନର ସନ୍ଦର୍ଭରୁ
ଉଚ୍ଛୁଳି ପଡ଼େ ଅନୁଚ୍ଛେଦର ରକ୍ତ ।

ଜୀବନ ଶିଖିନିଏ
ତପ୍ତ ବୈତରଣୀରେ

ନୌଚାଳନାର କୌଶଳ,
ପହଡ଼ ପକେଇବା ଏବଂ
ପହଡ଼ ଭାଙ୍ଗିବାର
ଦୀକ୍ଷିତ ଆଚରଣ ।

ବିସ୍ଥାପିତ ହୃଦୟ
ଉଗେଇ ପାରେ
ସବୁଜ ଅରଣ୍ୟର ହସ,
ନିଜକୁ ଶୁଖେଇପାରେ
ଖରାର ତାତିରେ,
ତାତିକୁ ପିଠିରେ ପକେଇ
ଅବିଶ୍ରାନ୍ତ ଚାଲିପାରେ
ଭୋକର ଦିଗରେ ।

କୋଉଠି ତୁଳିତଳ୍ପ ତ
କୋଉଠି ରାସ୍ତା କଡ଼ର
ଛିଣ୍ଡାଛିଣ୍ଡା ଛାଇ,
ଏକାପରି ଶୁଭୁଥାଏ
ନିଦର ଘୁଙ୍ଗୁଡ଼ି
କିନ୍ତୁ,
ଏକାପରି ଦିଶିନଥାଏ
ସ୍ୱପ୍ନର ସରସୀ ।

ରାସ୍ତାର ଦୁଇ ପାର୍ଶ୍ୱରେ
ଛିଡ଼ା ହୋଇଥାଏ ଆରଣ୍ୟକ
ଦୁଃଖର ଧୂଆଁଳିଆ ଗନ୍ଧ,
ଜୀବନର ଜଟିଳ ଗଣିତରେ
ଛନ୍ଦି ହୋଇଗଲେ
ବୁଝିହୁଏନି

କୋଉଟି ଅଭିଶାପ କୋଉଟି
ବରଦାନର ଚିତ୍ର ।

ଉଦ୍ଦାମତାର
ପଥ ରୋଧପରେ,
ବୁଡ଼ିଯାଏ ନୌକା,
ହଜିଯାଏ କାତ,
ବିଷୟର ସିଂହାସନରେ
ବସିଥାଏ କ୍ଷମତାସୀନ
ଦୁର୍ଯୋଗର ରୁଦ୍ର ଅଟ୍ଟହାସ୍ୟ,
ଗଣିତ ଗୁଣୁଗୁଣଉଥାଏ
ସ୍ୱକୀୟ ସ୍ୱଭାବ,
ଆମେ ଭୋଗୁଥାଉ
ଆମ ଭୁଲ ସିଦ୍ଧାନ୍ତର ପରିଣାମ ॥

ଆଲୋକିତପ୍ରାଣ

ତମ ଛାତି ଭିତରେ
ଯଦି ଗଚ୍ଛିତ ଅଛି
କାନ୍ଦର ଲୁହ,
ତାହା ତମ ଅଧିକାରରେ ଥାଉ,
ପରବର୍ତ୍ତିତ ଦୃଶ୍ୟର
ଅପେକ୍ଷା ବି ରହୁ ।

ଖୁବ୍ ସୁନ୍ଦର ଦିଶେ
ଯନ୍ତ୍ରଣାର ହସ,
ହସି ପାରୁଛ ତ ହସ !

ଶୁଖିଲା ପତ୍ରର ଅଂଜଳିରେ
ଅଜାଡ଼ିଦିଅ
ଆହତ ହୃଦୟରେ ଲୁଚିବସିଥିବା
ମୁଠାଏ ଉଲ୍ଲାସ ।

ଭାବ ଅଭାବର
ଖରା ଛାଇ ଖେଳରୁ
ଯାହା ସାଉଁଟି ନେଇଛି
ଶ୍ରଦ୍ଧାର ପଣତ,
ବୃକ୍ଷର ଚେରରେ

ଅଜାଡ଼ି ଦିଅ
ଅଭିମାନର ଅମ୍ଳଜାନ ।

ଆଖିର ଲୁଣିପାଣିରେ
ଅନ୍ତରଙ୍ଗତାର
ଉର୍ବରତା ଦେଇ
କ୍ଷେତ ତଥା କ୍ଷେତ୍ରଜ୍ଞଙ୍କୁ
ଭିଜେଇ ଦିଅ
ନିଷ୍ଠାର ସ୍ୱେଦରେ,
ସୃଜନର
କ୍ରିୟାତ୍ମକ କଳାରେ ।
ଘୋଉଡ଼େଇ ଦିଅ
ଛଳିୟ କୀଟଙ୍କ ଦୌରାତ୍ମ୍ୟ,
ଉନ୍ମେଷର ପାଖୁଡ଼ାରୁ
ସ୍ୱପ୍ନର ସୁବାସ ।

ଅନ୍ତରରେ ଯଦିଥାଏ
ନୀରବ କୋଳାହଳର
ଦିଅଦିଅ ଅଳି ଓ ଅର୍ଦ୍ଦଳି,
ସେମାନଙ୍କୁ ଶୁଣେଇଁ ଦିଅ
ଅହେତୁର
ହିତୈଷୀ ବନ୍ଦନା,
ରାତିକ ଆୟୁଷରେ
ଝରାଫୁଲ ଦିନକୁ
କାହିଁକି ଦେଇଥାଏ
ସୌରଭର ଶଯ୍ୟା ।

ତମ ଛାତିରେ ଯଦି
କୋହର ଉଁଆସ ଅଛି

ଭାବିନିଅ ତାହା ତମ
ଅଲୌକିକ ଅନୁଭୂତିର
ମୁଖଶାଳା ହେବ ।

ଆଲୋକର ହାଡ଼ ସନ୍ଧିରୁ
ଖସି ପଡ଼ିବ ଛନ୍ଦର ଛନ୍ଦାଣୀ,
ଏହାପରେ
ଭୂଲୋକ ହସିବ ପୁଣି
ଦ୍ୱିଲୋକ ହସିବ,
ଆଲୋକର ସାମ୍ରାଜ୍ଞୀ ତମେ
ଆଲୋକର ପ୍ରାଣଦାତ୍ରୀ ହେବ ।

ଏବେ ଧୈର୍ଯ୍ୟର ପିଠିରେ
ଥୋଇଦିଅ ପ୍ରତୀକ୍ଷାର ପାଦ,
ଜୀବନ ଜୀବିକା
ଆଉ କେତେ ମାତ୍ର ॥

ସଂପର୍କ

ସଂପର୍କର ଆଖିରୁ
ଧିରେଧିରେ ଧୋଇଯାଏ
କଜ୍ଜ୍ୱଳର ଗାର,
ରାସ୍ତାକୁ
ଜଙ୍ଗଲ କରିସାଥାଏ
ତିକ୍ତତାର ଧାର ।

ଆଲୋକ
ଖୋଜି ହେଉଥାଏ
ଆପଣାର ସତ୍ତା,
କଅଁଳ ପତ୍ରର
ମିଠାମିଠା ହସକୁ
ଧୂଳିର ବିଷର୍ଣ୍ଣ ବେହରଣ,
ଚିହ୍ନି ହୁଏନି ଜହ୍ନିଫୁଲର
ଜହ୍ନମୟ ଆକାଶ ।

ପାଦରେ ଥାଏ
ନୂଆ ରାସ୍ତା ତିଆରିବାର
ଧୂରୀଣ ଦକ୍ଷତା,
ନଈକୁ ଡେ଼ଇଁଯାଇଥାଏ
ହଳଦୀ ପତ୍ରର ବାସ୍ନା ।

ବର୍ଷା,
ଲିଭେଇ ପାରେନା ବହ୍ନୀ ବରଂ
ଉଖୁରେଇ ଦିଏ କ୍ଷତ,
ବଢ଼େଇଦିଏ
ଦରଜର ଭାର,
ଦୀର୍ଘ ହୋଇଯାଏ
ବିଭେଦର ପ୍ରାଚୀର ।

ସମୟ କହେ-
ତୁମେ ଶିର ନଇଁ ଦେଲେ,
ପାଶୋରିଗଲେ
ବିଷର ଜ୍ୱଳନ,
ମୁଁ ତମକୁ ଦେଇ ପାରିବି
ଅନିଚ୍ଛାକୃତ ଭିକ୍ଷା,
ଗଣ୍ଠେଇ ଦେବି
ଛିଣ୍ଡିଲା ସୂତାର ସ୍ୱର,
ସଙ୍କ କରିଦେବି ତୃପ୍ତିର ପ୍ରତୀକ୍ଷା ।

ନା,
ଯୋଡ଼ିଲା ସୂତା
ବାରମ୍ବାର ଛିଣ୍ଡେ,
ଦବିଯାଏ
ବିବେକର ଦର୍ଶନ ।
ତଥାପି,
ଛାତି ଭିତରେ
ସ୍ମୃତିର ଶିଶୁ
ଅପେକ୍ଷା ରଖେ
ଚିହ୍ନା ପାଦ ଶବ୍ଦକୁ ॥

■

ସେମାନେ

ରାତିର ପଡ଼ିଆରେ
ଅନ୍ଧାରକୁ ତବ୍‌ଲା,
ବର୍ଷାକୁ
ହାରମୋନିୟମ କରି
ସମସ୍ତ ସାହିତ୍ୟିକ ସାହିତ୍ୟିକା
ଗାଉଛନ୍ତି ଆଶାବାଦର ଗୀତ ।

ଝଲ୍‌କେଝଲ୍‌କେ
ବିଜୁଳି ରଚ୍‌କାରେ
ଦେଖି ପାରୁଛି ସେମାନଙ୍କ ମୁହଁ,
ହଁ ହଁ ସେମାନେ ମୋର
ଅତି ଅନ୍ତରଙ୍ଗ
ଆତ୍ମୀୟା ଆତ୍ମୀୟ,
ଅମୀୟ, ସଂଜିତ୍, ସରୋଜ, ତ୍ରିନାଥ,
ଶ୍ରୀଦେବ, ଗଙ୍ଗାଧର, ନିବାରଣ,
ଲକ୍ଷ୍ମୀକାନ୍ତ, ଚନ୍ଦ୍ରଶେଖର, ଉଦୟ,
ଅଭୟ, ସଦାନନ୍ଦ, ସୌଭାଗ୍ୟ,
ମାନସ, ପିନାକୀ, ବଂଶୀ, ରାଧା,
ସତ୍ୟଶିବ, ପ୍ରଶାନ୍ତ, ରାଜୀବ,
ଲକ୍ଷ୍ମୀ, ହିରଣ୍ମୟୀ, ସୈରିନ୍ଧ୍ରୀ, ଦୀପ୍ତି,
ଇପ୍‌ସିତା, ଲିପିକା, ମୌସୁମୀ

ତାଙ୍କ ମଧ୍ୟରେ
ଦେହରୁ ଦେଶର ପୋଷାକ ଉହ୍ଲେଇ
ସମତାର ବେଦ ପଢୁଛି କୃଷ୍ଣ ।
ସେ ଭିତରେ ସମସ୍ତେ ଅଛନ୍ତି
ଡ଼ାଳେ ଛାଇର ସିମୀତତାରେ
ଉଲ୍ଲେଖ କରିପାରିଲିନି
ଯେଉଁ ମାନଙ୍କର ନାମ ।

ସେମାନେ
କେତେବେଳେ ଗାଉଛନ୍ତି ତ
କେତେବେଳେ
ମାଟିର ପୃଷ୍ଠାରେ
ଅଜାଡ଼ି ଦେଉଛନ୍ତି
ଶବ୍ଦର ସବୁଜ ସମ୍ଭାର,
କେତେବେଳେ
ଜହ୍ନର ଫଟା କପାଳରୁ
ପୋଛି ପକାଉଛନ୍ତି
ଅବଶାଦର ସ୍ୱେଦ ତ
ଦିନକୁ ମଶାଲ ଦେଖେଇ
ଚିହ୍ନେଇ ଦେଉଛନ୍ତି
ସେ ଭୁଲିଯାଇଥିବା ବାଟ ।

ଶୂନ୍ୟକୁ ଚକଟିଚକଟି
ଗାନ୍ଥେଇ ଦେଉଛନ୍ତି
ବିଶ୍ୱାସର ଘର,
ନିରାଶାର ଗଳାରେ
ଝୁଲେଇ ଦେଛନ୍ତି
ତାରାର ଗଜରା,
ମୂର୍ଚ୍ଛିତ ପବନ ମୁହଁରେ

ସିଂଚି ଦେଉଛନ୍ତି
କବିତାର ପାଣି ତ
ପୁଣି କାନରେ ଫୁଙ୍କି ଦେଉଛନ୍ତି
ଗଳ୍ପ, ଉପନ୍ୟାସର
ସଂଜିବନୀ ମନ୍ତ୍ର ।

ରାତିର ପଡ଼ିଆରେ
ଅନ୍ଧାରକୁ ତବ୍‌ଲା,
ବର୍ଷାକୁ ହାରମୋନିୟମ କରି
ସେମାନେ
ଅସବଳ ହେଇପଡ଼ିଥିବା
ସମୟକୁ ଶିଖେଇ ଚାଲିଛନ୍ତି
ସବଳ ହେବାର କଳା,
କିନ୍ତୁ, ସମୟ ଜାଣେ
କେବେ ମେରୁଦଣ୍ଡ ସଳଖେଇ
ଟେକି ଧରିବ ବିଜୟର ଧ୍ୱଜା ॥

(ଓଡ଼ିଶାର ସମସ୍ତ ଲେଖକ, ଲେଖିକାଙ୍କୁ ମୋର ଏ କବିତାଟି ସମର୍ପିତ)

ଶୋଷ

ଯୋଉଠି
ମରିଯାଇଛି ଗଛର ଚେର,
ଜଳି ଯାଇଛି
ପବନର ସମର୍ପିତ ହୃଦ,
ପୋହଳା ଦ୍ୱୀପର
ଠିକଣା ଖୋଜୁଛି
ବର୍ଷୀୟାନ ବକ୍ଷ,
ଠିକ୍ ସେତିକି ବେଳେ
ଶୋଷର ଗର୍ଭରୁ ଛିଟିକି ପଡୁଛି
ଶହଶହ ଶୋଷ ।

ରାସ୍ତାର ଶେଷ ପାଦରେ
ଛିଡ଼ାହୋଇଛି ବାର୍ଦ୍ଧକ୍ୟ,
ସ୍ୱାଭିମାନର ଅଙ୍ଗରୁ
ପୋଛି ଚାଲିଛି
ଏକାନ୍ତର ଲୁହ ।

ବାଲୁତ ଶିଶୁଟେ ପରି
ସମୟ ଅଝଟ କରୁଛି
ଶୁଖିଲା ନଈର
ରେଂଟିଲା ପହ୍ଲାରୁ ଶୋଷିବାକୁ

ଶୋଷର ଶୋଣିତ,
ଆଙ୍କିବାକୁ ଜଳଛବିର
ସମ୍ମୋହିତ ଚିତ୍ର ।
ସଦିଚ୍ଛାର
କେନାଏ ଆଲୋକ
ଭେଦି ପାରୁନି
ଯୁକ୍ତି ଅଯୁକ୍ତିର ବହଳ ବଳୟ ।

ଖରାର ଟିପାଖାତାରୁ
ଲିଭିଯାଇଛି
ବରାଭୟର ହାତ,
ଶିଉଳି ଖସରା ପିଣ୍ଡକୁ
ଖୁବ୍ ସହଜରେ
ପାରେଇ ଯାଉଛି
ପରମ ଅଜ୍ଞାନୀ,
ମଳିଛିଆ ବାକ୍ୟ ମାନେ
ଶୁଣିପାରୁ ନାହାନ୍ତି
ନିଜ ପଲକ ସେପାଖରେ ଥିବା
ଉଦ୍‌ଭାସର ନିର୍ମୋହକ ଧ୍ୱନ୍ ।

ଅନୁଭବର ଅନୁଭୂତିରୁ
ଝରିପଡୁଛି ସାହାଚର୍ଯ୍ୟର
କଳା ଉଚ୍ଚାରଣ,
ଦ୍ୱୀପାନ୍ତରରେ
ଦୀପ ହୋଉଯାଇଛି
ସବୁଜସବୁଜ ଲୁହ ।

ଶୂନ୍ୟତାର କ୍ଷମାପ୍ରାର୍ଥୀ ସ୍ୱର-
ଶୋଷର ଗର୍ଭରୁ ମୁଁ'ଆଉ

ଜନ୍ମେଇ ପାରିବିନି
ବର୍ଷାର ବାଦଲ,
ମରିଲେ ମରୁ
ଛାୟାମାନଙ୍କ ଚେର,
ପୃଥିବୀକୁ କେବେଠୁ
ହସ୍ତାନ୍ତର କରିସାରିଛି
ମୋର ଅଧିକାର" ॥

ଚିତ୍ରରୂପା

ସ୍ଥିର ଅଭିଶାପ,
ଅବହେଳିତ ପାଦର ପାଦୁକ ।

ସେ'କିଛି କହିଥାଏ
ଯୋଉ କଥାରେ
ଧ୍ୱନି ନଥାଏ କି ପ୍ରତିଧ୍ୱନି
ଥାଏ ପବନ ରଙ୍ଗର
ନୀରିହ ସରଳତା,

ଚିତ୍ରିତ ବେଦନାର
ଉଜାଗର ରାତି,
ପତ୍ର ପିଠିରେ ବସି
ଫୁଲର ପାଖୁଡ଼ାରେ
ବସିବାର ବାସ୍ନା,
ଗତାନୁଗତିକାର ବାହାରେ
ପାଇବାର ନିରର୍ଥ ଅଭିପ୍ସା ।

ତା ହୃଦୟ ନଥିବା ହୃଦୟରେ
ଥିବାଥିବାର ଜନ୍ମିତ କ୍ରନ୍ଦନ,
କ୍ରନ୍ଦନର ନୀରବ ସ୍ୱରରୁ
ମୁଠାଏ ଆଲୋକ
ପାଉଁଶ ହେବାର କଥା ।

ଶୁଣିହୁଏ,
ତା ଅବିଚଳ ଭଙ୍ଗୀମାର
ବିବଶ କଥନ,
ତା ଗହଳ କେଶରେ
ବର୍ଷା ପାଣି ପହଁରିଲା ବେଳେ
ତାର ସାରା ଅଙ୍ଗରେ
କେମିତି ଶିହରିଉଠେ
ଚହଲା ନୌକାର
ରଙ୍ଗକରା ଛାଇ ।

ପବନ ଦେହରେ
ପବନ ହୋଇଯିବ
ଜାଣି ବି ଅଲେଖା ଠିକଣାରେ
ପଠେଇଥାଏ ଅଲିଖିତ ଚିଠିର
କୁରଙ୍ଗୀ ଚାହାଣୀ ।

ତା'ଲୋଡ଼ିବାର ମାଟିରେ
କଅଁଳ ଗଛଟିଏ
ହିଲ୍ଲୋଳର ସମୟକୁ
ଚାହିଁ ବସିଥାଏ,
ଥାଏ ଫାଲଗୁନି ଛୁଆଁର
ଅମର ପ୍ରତୀକ୍ଷା ।

ମଧୁମାଳତୀ ଲତାରେ
ଲୁଚା ଲୁଚି ଖେଳିବାର
ଗୋଲାପି ଯାଚଞ୍ଚା ।

ସେ'କହେ
ତା'ହସ ସେପାଖରେ
ସମୁଦ୍ରର ଲୋମଶ ଲହଡ଼ି ଅଛି,
ଅଛି ଅନିନିଦିତ ଉଡ଼ାଣର ଆଶା,

ଆରମ୍ଭର ଆରମ୍ଭରୁ
ଶିରରେ ତା'ର
କୁହୁଡ଼ିର କୁହୁକୀୟ ବୋଝ,
ତାର ରୂପାୟନ ଏକ
ସରୁନଥିବା ବେଦନା ।

ପ୍ରତୀକ୍ଷାର ଶେଷଦାଢ଼ରୁ
ମେଘପକ୍ଷୀ ବଜେଇପାରେ
ପ୍ରାପ୍ତିର ମୃଦଙ୍ଗ,
ତା'ଓଠର ଅତି ନିକଟରେ
ବିନ୍ଦୁବିନ୍ଦୁ ଜଳର ସୁଦୃଶ୍ୟ
ଆକର୍ଷଣ ଥିଲେ ବି
ସେ'ଶୋଷି ପାରେନି
ଶୋଷର ଢ଼ଳଢ଼ଳ ଶୋଷ କି
ନିରୋଧି ପାରେନି
ବେଗର ଆବେଗ ।

ଅନୁଗ୍ରହର ଗର୍ଭରେ ସେ'ଏକ
ଦିନବାହୁଡ଼ା ଗୀତର
ନିଶବ୍ଦ ଭିକ୍ଷାପାତ୍ର,
କୋଷ ହୀନ କୋଷିକାର
ନିସ୍ପନ୍ଦ ଆବେଦନ,
ଦାହ ସରିଥିବା ଦେହର
ପାଂଶୁଳ ଚିତ୍କାର ।

ସେ' କହେ
ପ୍ରତ୍ୟେକ ନାରୀ କ'ଣ
ମୋ'ପରି ଚିତ୍ରିତ
ଚିତ୍ରରୂପା ନୁହଁ... ? ॥ ■

BLACK EAGLE BOOKS

www.blackeaglebooks.org
info@blackeaglebooks.org

Black Eagle Books, an independent publisher, was founded as a nonprofit organization in April, 2019. It is our mission to connect and engage the Indian diaspora and the world at large with the best of works of world literature published on a collaborative platform, with special emphasis on foregrounding Contemporary Classics and New Writing.

www.ingramcontent.com/pod-product-compliance
Lightning Source LLC
Chambersburg PA
CBHW020535080526
44583CB00013B/873
* 9 7 8 1 6 4 5 6 0 2 1 2 5 *